Peter Schoenen

Kaufmann/Kauffrau für Spedition und Logistikdienstleistung

Prüfungstrainer Zwischenprüfung
Übungsaufgaben und erläuterte Lösungen

Aufgabenteil

Bestell-Nr. 408

U-Form-Verlag · Hermann Ullrich (GmbH & Co) KG

Ihre Meinung ist uns wichtig!

Bei Fragen, Anregungen oder Kritik zu diesem Produkt senden Sie bitte eine E-Mail an:

feedback@u-form.de

Wir freuen uns auf Ihre Rückmeldung.

Bitte beachten Sie:

Zu diesem Prüfungstrainer gehören auch noch ein Lösungsteil und ein Lösungsbogen.

COPYRIGHT

U-Form-Verlag, Hermann Ullrich (GmbH & Co) KG
Cronenberger Straße 58 · 42651 Solingen
Telefon 0212 22207-0 · Telefax 0212 208963
Internet: www.u-form.de · E-Mail: uform@u-form.de

Alle Rechte liegen beim Verlag bzw. sind der Verwertungsgesellschaft Wort, Goethestraße 49, 80336 München, Telefon 089 514120, zur treuhänderischen Wahrnehmung überlassen. Damit ist jegliche Verbreitung und Vervielfältigung dieses Werkes – durch welches Medium auch immer – untersagt.

4. Auflage 2010 · ISBN 978-3-88234-408-0

Vorwort

Mit der zum 1. August 2004 in Kraft getretenen **neuen Ausbildungsordnung** für die **Kaufleute für Spedition und Logistikdienstleistung** hat sich das Anforderungsprofil der **Zwischenprüfung** – insbesondere im Kernbereich der betrieblichen Leistungserstellung – grundlegend geändert.

Basis für die Aufgabensammlung ist der **verbindliche Prüfungskatalog** für die IHK-Zwischenprüfungen „Kaufmann/Kauffrau für Spedition und Logistikdienstleistung", der von der Aufgabenstelle für kaufmännische Abschluss- und Zwischenprüfungen (**AkA**) in der aktuell gültigen Fassung der 1. Auflage von 2005 vorliegt.

Gemäß den **Prüfungsgebieten und Funktionen** der Ausbildungsordnung enthält der Prüfungstrainer Aufgaben zu folgenden Themen:

- Betriebliche Leistungserstellung
- Rechnungswesen
- Wirtschafts- und Sozialkunde

sowie in einem übergreifenden Teil
- Berufsbezogenes Rechnen

Die programmierten Aufgaben sind so konzipiert, dass sie neben dem Basiswissen auch weiter reichende Kenntnisse ansprechen und somit eine ambitionierte **Trainingseinheit** für alle Leistungsstufen darstellen. Im Anhang befindet sich ein Verzeichnis der in den Aufgaben verwendeten wichtigsten Abkürzungen.

Jedes der o. g. Themen wird durch einen **Basistext** eingeleitet. Dieser Text vergegenwärtigt in komprimierter Form wesentliche Inhalte des jeweiligen Themas und soll Sie auf die Bearbeitung der Aufgaben einstimmen. Er ermöglicht es Ihnen, umschriebene zentrale Fachbegriffe des Themas einem **Gitterrätsel** zuzuordnen. Im Anschluss finden Sie das **Quick-Quiz**, bei dem Buchstabenpaare einem Lösungswort zuzuordnen sind. Nach diesem „**warming up**" bearbeiten Sie dann die funktionsbezogenen Aufgaben in programmierter Form.

Aufbau und Hinweise zum Umgang mit dem Prüfungstrainer:

Der Prüfungstrainer besteht aus drei Teilen: einem Aufgabenteil, einem Lösungs- und Erläuterungsteil, zusätzlich ist für die programmierten Aufgaben ein Lösungsbogen beigefügt. Zur selbstständigen Bearbeitung der Aufgaben und zum Feststellen eventueller Wissenslücken empfiehlt es sich, den Lösungsteil zunächst zur Seite zu legen. Sie sollten ihn erst zur Hand nehmen, nachdem Sie die erste Arbeitsphase abgeschlossen haben. Eine Arbeitsanleitung für die programmierten Aufgaben des Aufgabenteils und zum Umgang mit dem Lösungsbogen finden Sie nach dem Inhaltsverzeichnis.

Bei den Erläuterungen zu den Lösungen wurde Wert auf eine ausführliche Darstellung gelegt. Bei Rechenaufgaben z. B. sind die einzelnen Lösungsschritte anschaulich dargestellt, sodass Sie selbstständig, ohne Hilfe eines Dritten, den Lösungsweg nachvollziehen können.

Herrn Ebentreich, der bei der kritischen Durchsicht der Aufgabensammlung wertvolle Anregungen gegeben hat, sei an dieser Stelle nochmals herzlichen Dank gesagt.

Peter Schoenen

Hinweis

Ein Prüfungstrainer für die **Abschlussprüfung** für **Kaufleute für Spedition und Logistikdienstleistung** ist von demselben Autor im Verlag unter der Bestell-Nr. 402 erhältlich.

Inhaltsübersicht

Prüfungsgebiet	Funktion	Thematik	Aufgaben-Nr.	Seite
Betriebliche Leistungserstellung	1	Basistext, Gitterrätsel, Quick-Quiz	—	19 – 24
		Arbeitsorganisation	1.01 – 1.04	26 – 30
	2	Informations- und Kommunikationssysteme	2.01 – 2.04	31 – 33
	3	Datenschutz und Datensicherheit	3.01 – 3.03	34
	4	Anwenden der englischen Sprache bei Fachaufgaben	4.01 – 4.11	35 – 43
	5	Prozessorientierte Leistungserstellung in Spedition und Logistik	5.01 – 5.09	44 – 52
	6	Güterversendung und Transport	6.01 – 6.09	53 – 61
	7	Sammelgut- und Systemverkehre	7.01 – 7.11	62 – 70
	8	Verträge, Haftung und Versicherungen	8.01 – 8.09	71 – 78
	9	Gefahrgut, Schutz und Sicherheit	9.01 – 9.05	79 – 81
Rechnungswesen	10	Basistext, Gitterrätsel, Quick-Quiz	—	85 – 89
		Zahlungsverkehr	10.01 – 10.03	91 – 93
	11	Buchführung	11.01 – 11.12	94 – 104
Wirtschafts- und Sozialkunde	12	Basistext, Gitterrätsel, Quick-Quiz	—	107 – 111
		Stellung, Rechtsform und Struktur	12.01 – 12.10	113 – 119
	13	Berufsbildung	13.01 – 13.07	120 – 122
	14	Personalwirtschaft, arbeits-, sozial- und tarifrechtliche Vorschriften	14.01 – 14.11	123 – 135
	15	Sicherheit und Gesundheitsschutz bei der Arbeit	15.01 – 15.05	136 – 139
	16	Umweltschutz	16.01 – 16.07	140 – 142
Übergreifend und ergänzend	17	Berufsbezogenes Rechnen	17.01 – 17.10	143 – 146
Anhang	18	Abkürzungen	—	147

Inhaltsverzeichnis Aufgabenteil

Vorwort 3
Inhaltsübersicht 4
So sieht Ihre Zwischenprüfung aus 11
Arbeitsanleitung für gebundene Aufgaben .... 12 – 16

BETRIEBLICHE LEISTUNGSERSTELLUNG

Basistext, Gitterrätsel, Quick-Quiz .... 19 – 24
Musterunternehmensbeschreibung 25

1 Arbeitsorganisation

1.01 Arbeitsabläufe 26
    Teil 1 – Arbeitsabläufe im Sammelladungsverkehr 26
    Teil 2 – Arbeitsabläufe im Luftfrachtsammelgutverkehr 26
    Teil 3 – Arbeitsabläufe bei der Schadenabwicklung 27
1.02 Unfallverhütungsvorschriften 28
    Teil 1 – Bedienung von Flurförderzeugen 28
    Teil 2 – Zuständigkeit für Unfallverhütungsvorschriften 29
1.03 Lern- und Arbeitstechniken 29
1.04 Softwareprodukte 30

2 Informations- und Kommunikationssysteme

2.01 Transportetikett 31
2.02 Elektronischer Datenaustausch 32
2.03 EDV-Fachbegriffe 32
    Teil 1 – Umschreibungen 32
    Teil 2 – Systemkomponenten 33
2.04 Matching 33

3 Datenschutz und Datensicherheit

3.01 Bundesdatenschutzgesetz (BDSG) 34
3.02 Datensicherheit 34
3.03 Datensicherung 34

4 Anwenden der englischen Sprache bei Fachaufgaben

4.01 Spediteur-Übernahmebescheinigung 35
4.02 CMR-Gültigkeit 35
4.03 CMR-Frachtvertrag 36
4.04 CMR-Frachtbrief 36
4.05 ECMT 37
4.06 Carnet TIR 37

Inhaltsverzeichnis Aufgabenteil

4.07 Kundenanfrage bearbeiten .... 38 – 39
4.08 Berufsbezeichnung 39
4.09 FBL .... 40 – 41
    Teil 1 – Bedeutung des FBL 40
    Teil 2 – Eintragungen im FBL 40
4.10 Booking Information 42
4.11 Britischer LKW-Transport 43
    Teil 1 – Bedeutung von Vertragsklauseln 43
    Teil 2 – Art der Fahrerlaubnis 43
    Teil 3 – Frachtdokument 43
    Teil 4 – Beförderungsbedingungen 43

5 Prozessorientierte Leistungserstellung in Spedition und Logistik

5.01 Verkehrsmitteleignung 44
5.02 Fahrzeugdisposition 46
5.03 Selbsteintritt oder Fremdbezug (Make-or-Buy) 46
    Teil 1 – Mautkosten 46
    Teil 2 – Kosten des Selbsteintritts 46
    Teil 3 – Kosten der fremdbezogenen Transportleistung 46
5.04 Frachtvertrag 47
5.05 Begleitdokumente 48
5.06 EU-Sozialvorschriften 49
5.07 Transportgenehmigungen 49
5.08 Kabotage-Verkehre 50
5.09 Rechnungsprüfung und Rechnungserstellung .... 50 – 52
    Teil 1 – Prüfen von Eingangsrechnungen 50
    Teil 2 – Erstellen von Ausgangsrechnungen 52

6 Güterversendung und Transport

6.01 Verkehrsträgervergleich 53
6.02 Verkehrswege und Transitländer 54
6.03 Grenzübergänge .... 55 – 56
    Teil 1 – Transport auf die Iberische Halbinsel 55
    Teil 2 – Transport ins Baltikum 55
    Teil 3 – Transport in ein Balkanland 55
    Teil 4 – Transport nach Birmingham 56
6.04 Alpentransit 56
6.05 Bundesautobahnen 57
6.06 Kombinierter Verkehr 57
6.07 Rechtsvorschriften im Speditions- und Transportgewerbe .... 58 – 59
    Teil 1 – Beförderungsbedingungen im Güterkraftverkehr 58
    Teil 2 – Rangfolge von Rechtsgrundlagen 58
    Teil 3 – Internationale Übereinkommen 59

Inhaltsverzeichnis Aufgabenteil

6.08 Wasserstraßen und Häfen der Binnen- und Seeschifffahrt .... 60 – 61
      Teil 1 – Binnenwasserstraßen 60
      Teil 2 – Häfen der Seeschifffahrt 60
      Teil 3 – Seewege in Europa 61
6.09 Weltweite Partnerspeditionen 61

7 Sammelgut- und Systemverkehre

7.01 KEP-Dienste 62
7.02 Laderaumbestimmung und Routenplanung .... 63 – 64
      Teil 1 – Laderaumbestimmung 63
      Teil 2 – Routenplanung .... 63 – 64
7.03 Vertragsbeteiligte 64
7.04 Vertragsbeziehungen 65
7.05 Vertragsgrundlagen 65
7.06 Schnittstellen 66
7.07 Abrechnung mit dem Empfangsspediteur .... 67 – 68
7.08 Abrechnung mit den Auftraggebern (Versendern) 69
7.09 Tracking & Tracing 69
7.10 Systemverkehre 70
7.11 Beladeplan 70

8 Verträge, Haftung und Versicherungen

8.01 Vertragsgsverhältnis 71
8.02 Rechte und Pflichten des Spediteurs nach ADSp .... 71 – 72
      Teil 1 – Weisungen 71
      Teil 2 – Besondere Güterarten 72
      Teil 3 – Pfand- und Zurückbehaltungsrecht 72
8.03 Rechtsstellung des Spediteurs 73
8.04 Versicherung des Spediteurs 73
8.05 Betriebsbeschreibung 74
8.06 Berufszugangsvoraussetzungen 75
8.07 Zulassungsurkunden 76
      Teil 1 – Kabotage-Recht 76
      Teil 2 – Sondergenehmigung 76
8.08 Haftung und Transportversicherung 77
8.09 Spediteurhaftung nach ADSp 78

Inhaltsverzeichnis Aufgabenteil

9 Gefahrgut, Schutz und Sicherheit

9.01 Gefahrgutvorschriften 79
9.02 Gefahrgutdokumente 79
9.03 Gefahrgutklassen und Gefahrenzettel .... 79 – 80
9.04 Gefahrgutkennzeichnung 80
9.05 Vorschriften für die Fahrzeugbesatzung 81

RECHNUNGSWESEN

Basistext, Gitterrätsel, Quick-Quiz .... 85 – 89

10 Zahlungsverkehr

10.01 Zahlungsformen und Fakturierung 91
      Teil 1 – Zahlungsformen 91
      Teil 2 – Fakturierung 91
10.02 Zahlungsverzug 92
10.03 Rechnungsprüfung .... 92 – 93

11 Buchführung

11.01 Bilanzveränderungen 94
11.02 Veränderungen des Eigenkapitals 95
11.03 Mehrwertsteuer .... 96 – 97
      Teil 1 – Vorsteuer und Umsatzsteuer 96
      Teil 2 – Mehrwertsteuerkorrekturen 97
11.04 Erfassen einer Eingangsrechnung 99
11.05 Berechnung der Anschaffungskosten 99
11.06 Begleichung einer Eingangsrechnung 99
11.07 Ermittlung der Abschreibungshöhe 100
11.08 Vermögen, Schulden und Reinvermögen im Inventar 100
11.09 Vermögen, Eigen- und Fremdkapital in der Bilanz 101
11.10 Eigenkapital, Gewinn- und Verlust-Rechnung .... 101 – 102
11.11 Erfolgswirksame Buchungen 103
      Teil 1 – Kraftstoffe 103
      Teil 2 – Eingangsrechnungen von Subunternehmern 103
11.12 Abschluss von Erfolgs- und Bestandskonten 104
      Teil 1 – Abschluss von Erfolgskonten 104
      Teil 2 – Abschluss von Bestandskonten 104

WIRTSCHAFTS- UND SOZIALKUNDE

Basistext, Gitterrätsel, Quick-Quiz .... 107 – 111

Inhaltsverzeichnis Aufgabenteil

12 Stellung, Rechtsform und Struktur

12.01 Neue Geschäftsfelder des Speditionsbetriebes 113
12.02 Firma und Handelsregister 113
12.03 Rechtsformen im Überblick 114
12.04 Personengesellschaften 115
12.05 Gesellschaft mit beschränkter Haftung .... 116 – 117
        Teil 1 – Gründung 116
        Teil 2 – Unternehmergesellschaft (haftungsbeschränkt) 117
12.06 Aktiengesellschaft 117
12.07 Organisationen, Institutionen und Behörden 118
12.08 Sammelgut-Kooperationen 118
12.09 Vollmachten 118
12.10 Unternehmensgründung 119

13 Berufsbildung

13.01 Berufsausbildungsvertrag 120
13.02 Ausbildender 120
13.03 Anlage des Berufsausbildungsvertrages 120
13.04 Berufsbildungsgesetz 121
13.05 Ausbildungsberufsbild 121
13.06 Ausbildungsplan 121
13.07 Dauer/Beendigung des Berufsausbildungsverhältnisses 122

14 Personalwirtschaft, arbeits-, sozial- und tarifrechtliche Vorschriften

14.01 Jugendarbeitsschutzgesetz 123
14.02 Betriebsrat 124
14.03 Betriebsverfassungsgesetz 125
14.04 Kündigung 126
14.05 Gesetzliche Kündigungsfristen .... 127 – 128
        Teil 1 – Kündigung durch den Arbeitnehmer 127
        Teil 2 – Kündigung durch den Arbeitgeber 128
14.06 Rechtsgrundlage für den Urlaubsanspruch 128
14.07 Tarifverträge 129
14.08 Streik 130
14.09 Sozialversicherungssystem 131
14.10 Gehaltsabrechnung .... 132 – 134
        Teil 1 – Steuerklassen 132
        Teil 2 – Einzelversicherungen 132
        Teil 3 – Beträge berechnen 133
        Teil 4 – Beitragsbemessungsgrenzen 134
        Teil 5 – Werbungskosten/Sonderausgaben 134
14.11 Arbeitnehmeranteil zur Sozialversicherung 135

Inhaltsverzeichnis Aufgabenteil

15 Sicherheit und Gesundheitsschutz bei der Arbeit

15.01 Arbeitsschutz- und Unfallverhütungsvorschriften 136
15.02 Arbeitsschutzgesetz 136
15.03 Sicherheit am Arbeitsplatz .... 137 – 138
15.04 Arbeitszeit nach dem Jugendarbeitsschutzgesetz 139
15.05 Unfallverhütungsvorschriften 139

16 Umweltschutz

16.01 Maßnahmen zum Umweltschutz 140
16.02 Duales System 140
16.03 Ökonomische Einsparpotenziale 140
16.04 Schadstoffklassen der Fahrzeuge (EURO-Norm) 141
16.05 Umweltschutzinvestitionen 141
16.06 ISO-Zertifizierung 142
16.07 Ziele des Umweltmanagements 142

ÜBERGREIFEND UND ERGÄNZEND

17 Berufsbezogenes Rechnen

17.01 Schnittgewicht 143
17.02 Abrechnung in Reeders Wahl 143
17.03 Lademeter berechnen 144
17.04 Laderaum berechnen 144
17.05 Messzahl 144
17.06 Dreisatz 144
17.07 Beförderungskosten je 100 kg 145
17.08 Berechnung der Mehrwertsteuer 145
17.09 Laufzeitberechnung bei variablem Zinssatz 145
17.10 Berechnung des Finanzierungserfolgs bei Skontoabzug 146

ANHANG

18. Abkürzungen 147

Bildnachweis 148

So sieht Ihre Zwischenprüfung aus

Die Zwischenprüfung zum Ausbildungsberuf Kaufmann/Kauffrau für Spedition- und Logistikdienstleistung erfolgt bundeseinheitlich und hat zum Ziel Ihren Ausbildungsstand festzustellen, ob und in welchen Prüfungsgebieten noch Wissenslücken bestehen. Verantwortlich für die inhaltliche Gestaltung der Zwischenprüfung ist die Aufgabenstelle für kaufmännische Abschluss- und Zwischenprüfungen (AkA), Nürnberg.* In der Prüfungszeit von 120 Minuten sind rund 60 Aufgaben aus den folgenden Funktionen zu bearbeiten:

Prüfungsgebiete bzw. Funktionen laut Ausbildungsordnung	Aufgabenanteil ca. %
Betriebliche Leistungserstellung	55
01 Arbeitsorganisation	
02 Informations- und Kommunikationssysteme	
03 Datenschutz und Datensicherheit	
04 Anwenden der englischen Sprache bei Fachaufgaben	
05 Prozessorientierte Leistungserstellung in Spedition und Logistik	
06 Güterversendung und Transport	
07 Sammelgut- und Systemverkehre	
08 Verträge, Haftung und Versicherungen	
09 Gefahrgut, Schutz und Sicherheit	
Rechnungswesen	10
10 Zahlungsverkehr	
11 Buchführung	
Wirtschafts- und Sozialkunde	35
12 Stellung, Rechtsform und Struktur	
13 Berufsbildung	
14 Personalwirtschaft, arbeits-, sozial- und tarifrechtliche Vorschriften	
15 Sicherheit und Gesundheitsschutz bei der Arbeit	
16 Umweltschutz	
Gesamt	**100**

Die Prüfung erfolgt mit gebundenen Aufgaben, die maschinell auswertbar sind. Wie diese Aufgaben aussehen und wie sie zu bearbeiten sind erfahren Sie im Kapitel: Arbeitsanleitung für gebundene Aufgaben. Zusätzlich zu dem Aufgabensatz erhalten Sie in Ihrer Prüfung einen separaten Lösungsbogen. In diesen Lösungsbogen tragen Sie die Lösungen ein und geben ihn zum Schluss der Prüfung zur Auswertung ab. **Und nicht vergessen: In die Kopfzeile des Lösungsbogens müssen Sie auch Ihren Namen und Ihre Prüflingsnummer eintragen!**

*Hinweis: Original Aufgabensätze vergangener Zwischenprüfungen und Abschlussprüfungen „Kaufmann/Kauffrau für Spedition und Logistikdienstleistung" (beide bundeseinheitlich gültig) sind beim U-Form-Verlag erhältlich.

Arbeitsanleitung für gebundene Aufgaben

Ebenso wie in der Prüfung finden Sie in diesen Prüfungstrainer gebundene Aufgaben und Rechenaufgaben. „Gebunden" bedeutet, dass zur Lösung der Aufgabe keine Texte selbstständig verfasst werden müssen, da die Antworten im Aufgabentext bereits enthalten sind. Sie müssen nur richtig ausgesucht oder geordnet werden.

Es gibt folgende Typen gebundener Aufgaben und Rechenaufgaben:

1. Mehrfachwahlaufgabe

Es werden mehrere Antworten vorgegeben. **Eine** davon ist richtig. Tragen Sie die Kennziffer der richtigen Antwort in das für die Aufgabe vorgesehene Lösungskästchen auf dem Lösungsbogen ein. Zur Bearbeitung des Lösungsbogens sehen Sie bitte Seite 16.

Beispiel:

01

Welche der folgenden Abkürzungen steht für den internationalen Standard für das Format elektronischer Daten im speditionellen Geschäftsverkehr?

1. ISO
2. DIN e. V.
3. EDIFACT
4. EDIFOR
5. EDIWHEEL

---

2. Mehrfachantwortaufgabe

Es werden mehrere Antworten vorgegeben. Davon sind **mehrere** richtig bzw. falsch. Die Anzahl der richtigen bzw. falschen Antworten ist in der Aufgabe angegeben. Die Kennziffern der zutreffenden Antworten tragen Sie in die für die Aufgabe vorgesehenen Lösungskästchen auf dem Lösungsbogen ein. In welcher Reihenfolge Sie die Lösungen eintragen ist beliebig.

Beispiel:

02

Welche **2** der folgenden Merkmale stehen für Vorteile der Mitglieder von Sammelgut-Kooperationen?

Merkmale von Sammelgut-Kooperationen

1. Abstimmungs- und Entscheidungsbefugnisse
2. Erfahrungsaustausch und Konzeptentwicklung
3. Kompatibilität der technischen Systeme
4. Individuelle Kundenbetreuung
5. Kostenniveau und Synergie-Effekte

Arbeitsanleitung für gebundene Aufgaben

3. Zuordnungsaufgabe

Begriffe und Aussagen müssen Fragestellungen, Begriffen bzw. Feststellungen richtig zugeordnet werden. Die Kennziffern der richtigen Antworten tragen Sie zunächst in die zur Aufgabe gehörenden Lösungsfelder ein, anschließend übertragen Sie die Lösungen auf den Lösungsbogen (hinter der Aufgabennummer von links nach rechts). Achten Sie darauf, dass im Lösungsbogen die gleiche Reihenfolge eingehalten wird wie in der Aufgabe.

Beispiel:

03

Die zwischen den Beteiligten geschlossenen Verträge basieren auf bestimmten Rechtsgrundlagen. Ordnen Sie folgende Rechtsgrundlagen den u. a. Vertragsbeziehungen zu. Übertragen Sie anschließend Ihre senkrecht angeordneten Lösungsziffern in dieser Reihenfolge von links nach rechts in den Lösungsbogen!

Rechtsgrundlagen

1. ADSp und HGB
2. HGB bzw. VBGL

Vertragsbeziehungen

a) Beilader und Versandspediteur	1
b) Versandspediteur und Empfangsspediteur	1
c) Versender und Versandspediteur	1
d) Versandspediteur und Frachtführer (Hauptlauf)	2
e) Beilader und Briefspediteur	1

Arbeitsanleitung für gebundene Aufgaben

4. Reihenfolgeaufgabe

Vorgänge und Arbeitsschritte müssen in die geforderte Reihenfolge gebracht werden. Beginnen Sie mit einer 1 für den ersten Vorgang/Arbeitsschritt und nummerieren Sie die darauf folgenden fortlaufend. Tragen Sie die Nummern der Reihenfolge zunächst in die zur Aufgabe gehörenden Lösungsfelder ein, anschließend übertragen Sie sie auf den Lösungsbogen (hinter der Aufgabennummer von links nach rechts). Achten Sie darauf, dass im Lösungsbogen die gleiche Reihenfolge eingehalten wird wie in der Aufgabe.

Beispiel:

04

Teil 1 – Arbeitsabläufe im LKW-Sammelladungsverkehr

Als Mitarbeiter/-in der SPEDAIX GmbH sollen Sie die zeitliche Abfolge der im Sammelladungsgeschäft erforderlichen Prozessphasen nach der Auftragsannahme bis zur Erstellung der Endabrechnung an die Urversender festlegen. Bringen Sie die folgenden 9 Prozessphasen in die richtige Reihenfolge. Tragen Sie die Ziffern 1 bis 9 in die Kästchen neben den Phasen ein! Übertragen Sie anschließend Ihre senkrecht angeordneten Lösungsziffern in dieser Reihenfolge von links nach rechts in den Lösungsbogen!

Prozessphasen (LKW-Sammelladungsverkehre)

a) Quittieren der Rollkarten (Nachlauf)	7
b) Borderieren der Sendungen	3
c) Erstellung der Rückrechnung der Empfangsspedition	8
d) Erstellen der Abholaufträge (Vorlauf)	1
e) Prüfen von Zusammenladeverboten (Hauptlauf)	2
f) Entladen und Verteilen (Empfangsspedition)	5
g) Erstellen der Ausgangsrechnungen für Urversender	9
h) Transport im Hauptlauf	4
i) Durchführen von Anschlussfrachten	6

Arbeitsanleitung für gebundene Aufgaben

5. Rechenaufgabe als Offen-Antwort-Aufgabe

Sie berechnen die Lösung und tragen das Ergebnis in die für die Aufgabe vorgesehenen Lösungskästchen ein, anschließend übertragen Sie die Lösung auf den Lösungsbogen.

Beispiel:

05

Ein Spediteur begleicht eine Rechnung abzüglich 3 % Skonto und überweist an den Gläubiger 692,58 Euro.

Wie hoch ist die im Rechnungsbetrag enthaltene 19-prozentige Mehrwertsteuer?

Gebundene Aufgaben haben den Vorteil, dass man fast ohne Schreibarbeit eine Überprüfung des Wissens vornehmen kann. Deshalb sind sie auch für diese Vorbereitungsmappe eingesetzt worden. Sie können so Ihr Wissen schnell überprüfen und mithilfe der erläuterten Lösungen die Lücken „stopfen". Alle Themen, die Gegenstand der Prüfung sein können, sind angesprochen. Zum Bearbeiten empfiehlt sich das im folgenden Schema dargestellte Vorgehen:

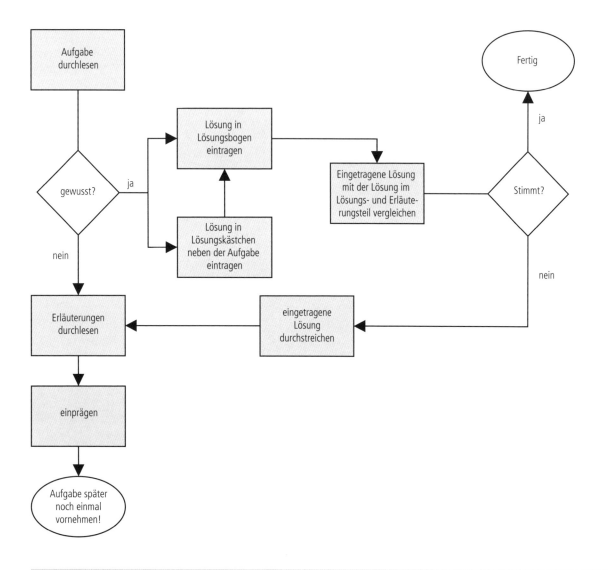

Arbeitsanleitung für gebundene Aufgaben

Der Lösungsbogen

Bei den bundeseinheitlichen Zwischenprüfungen (gemeinsame Prüfungsaufgaben der Industrie- und Handelskammern) müssen Sie die Lösungen der programmierten Aufgaben in einen separaten Lösungsbogen eintragen. Damit Sie sich mit diesen Verfahren schon einmal vertraut machen können, haben wir diesem Prüfungstrainer ebenfalls einen separaten Lösungsbogen beigefügt. Verfahren Sie wie auf der Vorseite in der Grafik beschrieben.

Tragen Sie für jede programmierte Aufgabe die Lösungsziffer(n) in die dafür vorgesehenen Kästchen des Lösungsbogens rechts neben der Aufgabennummer ein.*)

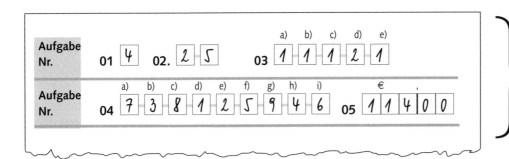

Hier die Lösungen der Beispielaufgaben.

---

*) Original-Prüfungssätze bereits stattgefundener Prüfungen erhalten Sie beim U-Form-Verlag. Fragen Sie dort nach und proben Sie den „Ernstfall" mit einer Originalprüfung eines vergangenen Prüfungstermins!

BETRIEBLICHE LEISTUNGSERSTELLUNG

1. Arbeitsorganisation
2. Informations- und Kommunikationssysteme
3. Datenschutz und Datensicherheit
4. Anwenden der englischen Sprache bei Fachaufgaben
5. Prozessorientierte Leistungserstellung in Spedition und Logistik
6. Güterversendung und Transport
7. Sammelgut- und Systemverkehre
8. Verträge, Haftung und Versicherungen
9. Gefahrgut, Schutz und Sicherheit

Basistext und Gitterrätsel

Lesen Sie zunächst den folgenden Basistext:

Zwischen Versender und Spediteur kommt es zum Abschluss eines Speditionsvertrages. Diesem Vertrag liegen im Normalfall die ADSp (Allgemeine Deutsche Spediteurbedingungen) – neuester Fassung zugrunde. Als unabhängiger verkehrsneutraler Auftragnehmer ist der Spediteur in der Wahl der Verkehrsmittel grundsätzlich frei, soweit die Interessen seines Auftraggebers gewahrt werden. Er kann z. B. einen Unternehmer mit dem eigentlichen Transport der Ware beauftragen.

Es kommt dann zum Abschluss eines Frachtvertrages zwischen dem Spediteur als Absender und dem Transportunternehmer als Frachtführer. Der zu befördernden Sendung kann ein Frachtbrief beigegeben werden. Führt der Transport ins EU-Ausland, benötigt der Frachtführer eine Lizenz (sog. EU- oder Gemeinschaftslizenz).

Führt der Transport in ein Drittland, das im Transit durchfahren wird oder zum Empfang der Sendung bestimmt ist, benötigt der Frachtführer eine bilaterale oder multilaterale Transportgenehmigung (z. B. eine Genehmigung der CEMT, sog. CEMT-Genehmigung). Benutzt der Transporteur die Autobahn, fällt in Deutschland, möglicherweise auch im Ausland, die Maut an.

Der Spediteur hat auch die Möglichkeit, Sammelgutverkehre abzufertigen. Für Güterschäden während des Transportes haftet er dann wie ein Frachtführer mit maximal 8,33 SZR je kg Rohgewicht für jedes beschädigte Kollo im nationalen wie auch im internationalen Güterkraftverkehr. Neben weiteren Pflichten wie Interessenwahrung und Sorgfaltspflicht, hat der Spediteur auch Rechte wie das Recht auf Provision, auf Zurückbehaltung der Ware oder das Pfandrecht an der Ware.

Für die einzelnen Sendungen erstellt der Versandspediteur ein Bordero mit den wichtigsten Sendungsdaten wie Versender, Empfänger, Anzahl, Gewicht, Warenwert, Frankatur usw. Wird der Sendungslauf durch elektronische Medien überwacht, lässt sich jederzeit der Status der Ware feststellen (sog. Tracking). Auch nach Ankunft der Sendung beim Empfänger, kann der Weg der Ware zurückverfolgt werden (sog. Tracing). Hat der Sammelgutspediteur zu wenig Sendungsaufkommen für eine Relation, kann er sein Sammelgut einem anderen Versandspediteur andienen, der seine Fahrzeuge in der betreffenden Relation besser auslasten kann. Er fungiert dann als sog. Beilader.

Sammelgut- und Systemverkehre können auch über zentrale Terminals gebündelt werden; man spricht hier vom HUB-and-SPOKE als System. Weitere Systemverkehre sind z. B. das Raster-System oder der Kombiverkehr, bei dem ein zusätzlicher Verkehrsträger (z. B. die Eisenbahn) die Sendung im Hauptlauf befördert. Spediteure sind Dienstleister in der modernen Verkehrswirtschaft und organisieren ihre Interessen über die Mitgliedschaft in regionalen Fachverbänden, die sich zu Bundesverbänden (z. B. DSLV oder BGL) zusammenschließen, um die Interessen ihrer Mitglieder auf nationaler oder EU-Ebene gewichtig vertreten zu können.

Basistext und Gitterrätsel

Umschreibungen

Tragen Sie zu folgenden Umschreibungen die passenden Fachbegriffe in die Kästchen des Gitterrätsels auf der rechten Seite ein (**Umlaute ä, ö, ü sind wie ae, oe, ue zu schreiben**).

Bei richtiger Eintragung aller Begriffe ergibt sich in der durch einen Pfeil markierten Senkrechten ein Lösungswort. **Grau gekennzeichnete** Buchstabenkästchen stehen für Buchstabengleichheit, d. h., der dort einzutragende Buchstabe **wiederholt** sich in allen anderen grau markierten Kästchen.

Alle gesuchten Begriffe sind **wortwörtlich im Basistext** enthalten!

01. Vertragsgrundlage der Spediteure (Abkürzung)
02. Sendungsrückverfolgung
03. Fahr- bzw. Flugzeuge, Schiffe u. dgl.
04. Beförderung
05. Statusverfolgung einer Sendung
06. Bezeichnung für Freivermerk
07. Bezeichnung für ein Land, das nicht der EU angehört
08. Rechnungseinheit (Abkürzung)
09. Autobahnbenutzungsgebühr
10. Konferenz der europäischen Verkehrsminister (Abkürzung)
11. Sammelgutspediteur mit geringem Sendungsaufkommen
12. Erlaubnis
13. Vertragspartner des Spediteurs (Auftraggeber)
14. Besonderes Verwertungsrecht am Gut
15. Nabe und Speiche, HUB and …
16. Schnellstraße
17. Durchfuhr
18. Warenbegleitpapier
19. Systemverkehr, bei dem zwei Verkehrsträger zusammenarbeiten
20. Dokument zur Erfassung wichtiger Sendungsdaten im Sammelgutverkehr
21. Interessenverband der Spediteure auf Bundesebene (Abkürzung)
22. Packstück
23. Vertragspartner des Frachtführers

Basistext und Gitterrätsel

Fachbegriffe im Gitterrätsel:

01.
02.
03.
04.
05.
06.
07.
08.
09.
10.
11.
12.
13.
14.
15.
16.
17.
18.
19.
20.
21.
22.
23.

Lösungswort

Betriebliche Leistungserstellung – Quick-Quiz

Nur eine der jeweils vier Antworten ist bei folgenden Aufgaben richtig. Übertragen Sie jeweils das vorangestellte **fettgedruckte Buchstabenpaar** der richtigen Antwort in das dazugehörige Lösungskästchen. Die richtigen Buchstabenpaare ergeben in der Reihenfolge von 01 bis 18 den gesuchten Begriff.

01. Wie heißt der Vertragspartner eines Verfrachters?

   AB – Absender
   GE – Ablader
   GÜ – Befrachter
   VE – Verlader

   01

02. Wie viel Lademeter hat eine Europalette?

   SI – 0,96 Ldm
   FA – 2,40 Ldm
   RS – 0,50 Ldm
   TE – 0,40 Ldm

   02

03. Wie heißt die Ladeliste im Luftfrachtsammelgutverkehr?

   RS – Cargo Manifest
   CH – Bordero
   HR – House-AWB
   IC – THC

   03

04. Wer ist Leistungsträger der Unfallversicherung?

   HE – Arbeitgeber
   GU – Arbeitnehmer
   CH – Berufsgenossenschaft
   ER – Krankenkasse

   04

05. Wie heißt die deutsche Kontrollbehörde für den Güterverkehr?

   RU – IRU
   TS – DSLV
   AD – BAG
   AK – BGL

   05

06. Wie heißt der Speditionsvertragspartner des Spediteurs?

   EN – Versender
   UN – Absender
   DE – Urversender
   KI – Frachtführer

   06

07. Mit wie viel Euro haftet ein Carrier für 1 total beschädigtes Kollo (4 kg, Wert 92 Euro) nach dem Montrealer Übereinkommen (1 SZR = 1,20 Euro)?

   PO – 92,00 Euro
   AU – 39,98 Euro
   SH – 91,20 Euro
   EF – 68,00 Euro

   07

Betriebliche Leistungserstellung – Quick-Quiz

08. Wie viel Eigenkapital hat der Antragsteller bei der Gründung eines Transportunternehmens gemäß GüKG nachzuweisen, wenn er zwei Fahrzeugeinheiten einsetzen will?

   AF – 14.000,00 Euro
   FE – 10.000,00 Euro
   CH – 9.000,00 Euro
   TA – 5.000,00 Euro

09. Welche Gefahrgutvorschrift enthält Regelungen für zwei Verkehrsträger?

   CU – RID
   TP – GGVSE
   AH – GGVSee
   UM – ADNR

10. Welches Übereinkommen betrifft nur den Luftfrachtverkehr?

   FL – Haager Protokoll
   AA – Haager Regeln
   FK – Visby Rules
   OG – York-Antwerp-Rules

11. Wer ist bei höheren Gütertransportschäden vom LKW-Fahrer unbedingt zu benachrichtigen?

   BA – Berufsgenossenschaft
   AR – BAG
   TE – Versicherungsinspekteur
   IC – Havarie-Kommissar

12. Welche Position gehört nicht in die Rückrechnung eines Empfangsspediteurs?

   HT – Hauptlauffracht
   GA – E + V
   KA – Anschlussfracht
   UT – Zustellkosten

13. Wie heißt die Versicherung des Spediteurs, der nach ADSp arbeitet?

   VA – Transportversicherung
   VE – Haftungsversicherung
   BU – Haftpflichtversicherung
   AG – Schadensversicherung

14. Wie nennt man den internationalen Standard für das Format elektronischer Daten im Geschäftsverkehr?

   RS – EDIFACT
   SS – RFID
   QU – INTRANET
   VO – RAM

Betriebliche Leistungserstellung – Quick-Quiz

15. Welche Beförderungsbedingungen sind für grenzüberschreitende Güterkraftverkehre zwingend anzuwenden?
    - **AL** – CEMT
    - **IC** – CMR
    - **KP** – GüKG
    - **EL** – EU-Zollrecht

    15 ☐

16. Was bedeutet die Abkürzung „TEU"?
    - **UV** – The European Union
    - **HE** – Twenty feet equivalent unit
    - **NA** – 40-Fuß-Container
    - **EP** – Tausend EURO

    16 ☐

17. Welches Papier ist Indiz für einen internationalen Gefahrgutstraßentransport?
    - **AF** – Bordero
    - **UL** – TÜV-Bescheinigung
    - **HR** – CEMT-Genehmigung
    - **RU** – ADR-Bescheinigung

    17 ☐

18. Welches Land gehört nicht zur EU?
    - **EN** – Malta
    - **ND** – Rumänien
    - **NG** – Norwegen
    - **TZ** – Irland

    18 ☐

LÖSUNGSWORT (Tragen Sie die Doppelbuchstaben ein):

01	02	03	04	05	06	07	08	09	10	11	12	13	14	15	16	17	18

Musterunternehmensbeschreibung

Bestimmte Aufgaben nehmen Bezug auf das nachstehend beschriebene Unternehmen. Beachten Sie bitte bei diesen Aufgaben die folgende Unternehmensbeschreibung. Versetzen Sie sich in die Lage eines Mitarbeiters bzw. einer Mitarbeiterin.

01. Name: 　　Geschäftssitz: 　　Registergericht: 　　Partnerspeditionen:	• SPEDAIX GmbH • Debyestraße 200, 52078 Aachen • Amtsgericht Aachen HRB 86673 • Berlin, Dresden, München, Paris, Mailand, Barcelona, Manchester, St. Petersburg, Minsk, Kairo, Kapstadt, Atlanta, Detroit, Toronto, Osaka, Hongkong, Perth
02. Steuernummer: 　　Ust-Id-Nummer: 　　Finanzamt: 　　Geschäftsjahr: 　　Stammkapital:	• 225/4556/1159 • DE 132 445 448 • Finanzamt Aachen-Außenstadt (BUFA Nr. 5225) • 1. Januar bis 31. Dezember • 120.000,00 Euro
03. Kommunikation:	• Internet: www.SPEDAIX.de • E-Mail: info@SPEDAIX.de • Tel.: +49 (0)241 4456679 • Fax: +49 (0)241 4456680
04. Bankverbindungen:	• Sparkasse Aachen BLZ 390 500 00, Konto-Nr. 434556809 • Aachener Bank BLZ 390 601 80, Konto-Nr. 1005656443 • Postbank Köln BLZ 370 100 50, Konto-Nr. 55889-103
05. Geschäftsfelder:	• Nationale und internationale Kraftwagenspeditions- und Logistikleistungen • Lagerleistungen • Full Service (Projektmanagement, Konzeptentwicklung, Prozessanalysen, Leistungsreporting) • IATA-Agentur
06. Equipment:	• Megatrailer, Tautliner • modernste Kühlauflieger, Isothermfahrzeuge • Wechselbrückensysteme • Fahrzeuge mit GPS-Bordcomputer u. Telefon • Gefahrgutausrüstung nach ADR, • Euro 5-Technologie
07. Zertifikate:	• DIN EN ISO 14001:2005 • DIN EN ISO 9001:2008
08. Berechtigungen:	• Erlaubnis nach GüKG • EU-Lizenz • CEMT-Genehmigung • Bilaterale Genehmigungen
09. Geschäftsführer:	• Dipl.-Betriebswirt Jürgen Aixner
10. Mitarbeiter:	• 23 Angestellte (Vollzeit) • 12 Angestellte (Teilzeit) • 11 Lagerarbeiter • 4 Auszubildende
11. Geschäftsbedingungen:	• ADSp – neuste Fassung • Logistik-AGB – neueste Fassung

Arbeitsorganisation

1.01 Arbeitsabläufe

Teil 1 – Arbeitsabläufe im LKW-Sammelladungsverkehr

Als Mitarbeiter/-in der SPEDAIX GmbH sollen Sie die zeitliche Abfolge der im Sammelladungsgeschäft erforderlichen Prozessphasen nach der Auftragsannahme bis zur Erstellung der Endabrechnung an die Urversender festlegen. Bringen Sie die folgenden 9 Prozessphasen in die richtige Reihenfolge. Tragen Sie die Ziffern 1 bis 9 in die Kästchen neben den Phasen ein! Übertragen Sie anschließend Ihre senkrecht angeordneten Lösungsziffern in dieser Reihenfolge von links nach rechts in den Lösungsbogen!

Prozessphasen (LKW-Sammelladungsverkehre)

a) Quittieren der Rollkarten (Nachlauf)

b) Bordieren der Sendungen

c) Erstellung der Rückrechnung der Empfangsspedition

d) Erstellen der Abholaufträge (Vorlauf)

e) Prüfen von Zusammenladeverboten (Hauptlauf)

f) Entladen und Verteilen (Empfangsspedition)

g) Erstellen der Ausgangsrechnungen für Urversender

h) Transport im Hauptlauf

i) Durchführen von Anschlussfrachten

Teil 2 – Arbeitsabläufe im Luftfrachtsammelgutverkehr

Sie sind auch für die Organisation der Prozessabfolgen im Sammelgutverkehr des Luftfrachtgeschäftes zuständig. Bringen Sie folgende Arbeitsschritte in die richtige zeitliche Reihenfolge, indem Sie die Ziffern 1 bis 6 in die Kästchen neben den Arbeitsschritten eintragen. Übertragen Sie anschließend Ihre senkrecht angeordneten Lösungsziffern in dieser Reihenfolge von links nach rechts in den Lösungsbogen!

Arbeitsschritte (Luftfrachtsammelgutverkehr)

a) Anlage eines Cargo Manifestes

b) Status feststellen „ready for carriage"

c) Ermitteln der Flug-Nr.

d) Erstellen eines Master-AWB

e) Faxen der Versanddaten und Dokumente an Versender

f) Erstellen mehrerer House-AWB

Fortsetzung auf der nächsten Seite

Arbeitsorganisation

Arbeitsabläufe 1.01

Fortsetzung

Teil 3 – Arbeitsabläufe bei der Schadenabwicklung

Täglich wickelt die SPEDAIX GmbH mehrere Transporte im Selbsteintritt ab. Leider ereignet sich die Abwicklung von Beförderungsleistungen nicht immer reibungslos. Hie und da kommt es zu Schäden am Gut. Damit wenigstens die Schadensabwicklung reibungslos funktioniert, sind folgende Arbeitsschritte in eine sinnvolle (zeitliche) Abfolge zu bringen. Tragen Sie dazu die Ziffern von 1 – 6 in die Kästchen neben den Arbeitsschritten ein. Übertragen Sie anschließend Ihre senkrecht angeordneten Lösungsziffern in dieser Reihenfolge von links nach rechts in den Lösungsbogen!

Arbeitsschritte (Schadensabwicklung)

a) Information über Schadenseintritt an Versender

b) Benachrichtigung des Havarie-Kommissars

c) Information über Schadenersatzleistung an Versicherten

d) Fahrer meldet Beschädigung im Schätzwert von 10.000 Euro

e) Zusammenstellen der Bearbeitungsunterlagen

f) Meldung des Schadens bei der Versicherung

Arbeitsorganisation

1.02 Unfallverhütungsvorschriften

Teil 1 – Bedienung von Flurförderzeugen

Im Lager der SPEDAIX GmbH sollen mehrere beladene Euro-Paletten zu ihren Stellplätzen verbracht werden. Als Flurförderzeug steht folgendes Gerät zur Verfügung:

Welche **2** der folgenden 6 Aussagen treffen zu?

1. Marietta Ewers, 18 Jahre alt, darf dieses Gerät bedienen, da es sich um ein Fahrzeug handelt und sie den Führerschein „Klasse B" besitzt.
2. Bei dem abgebildeten Flurförderzeug handelt es sich um einen sog. elektrischen Frontstapler.
3. Um das Flurförderzeug bedienen zu dürfen, benötigt man eine spezielle Ausbildung und die Beauftragung als Fahrer von Flurförderzeugen.
4. Bei dem abgebildeten Fahrzeug handelt es sich um einen deichselgeführten Handhubwagen.
5. Erwin Lottemann, 55 Jahre, seit 35 Jahren erfahrener Lagerarbeiter, darf das Flurförderzeug wegen seiner einschlägigen Erfahrung bedienen.
6. Um das Flurförderzeug bedienen zu dürfen, benötigt man zwar keine spezielle Ausbildung, aber die Beauftragung als Fahrer.

Arbeitsorganisation

Unfallverhütungsvorschriften 1.02

Fortsetzung

Teil 2 – Zuständigkeit für Unfallverhütungsvorschriften

Zwei Auszubildende der SPEDAIX GmbH streiten darüber, wer für die Abfassung von Unfallverhütungsvorschriften für die betrieblichen Abläufe in erster Linie zuständig ist. Folgende Institutionen/Organisationen stehen zur Auswahl. Welche davon ist zuständig?

1. Berufsgenossenschaft
2. BAG
3. Agentur für Arbeit
4. Obere Verkehrsbehörde
5. Untere Verkehrsbehörde

Lern- und Arbeitstechniken 1.03

Die SPEDAIX GmbH will für einen Neukunden logistische Lösungen entwickeln. Im Rahmen eines brainstorming arbeitet man mit dem mind-map-Verfahren. Welche der folgenden Umschreibungen trifft auf dieses Verfahren zu?

Umschreibungen

1. Lerntechnik, bei der digitale Medien für die Präsentation zur Unterstützung der Kommunikation zum Einsatz kommen.
2. Textbasierte Auszeichnungssprache zur Darstellung von Inhalten (Texte, Bilder) in Dokumenten.
3. Begriffslandkarte, bei der die Beziehungen zwischen den Begriffen ausdrücklich benannt werden.
4. Grafische Darstellung, die Beziehungen zwischen verschiedenen Begriffen (Schlüsselwörtern) aufzeigt.
5. Expertenbefragung, um zukünftige Trends und Entwicklungen möglichst gut einschätzen zu können.

Arbeitsorganisation

1.04 **Softwareprodukte**

Der für die EDV-Ausstattung der SPEDAIX GmbH verantwortliche Mitarbeiter möchte die neuen Auszubildenden mit folgenden Programmen vertraut machen:

Programm A   MS-Access
Programm E   MS-Excel

Welchen Einsatzgebieten dienen diese Softwareprodukte jeweils?

Einsatzbereiche:

1. A ist ein Tabellenkalkulationsprogramm, E ein Grafikprogramm
2. A ist ein Textverarbeitungsprogramm, E ein Datenbankprogramm
3. A ist ein Kaufmännisches Programm, E ein Textverarbeitungsprogramm
4. A ist ein Datenbankprogramm, E ein Tabellenkalkulationsprogramm
5. A ist ein Textverarbeitungsprogramm, E ein Datenbankprogramm

Transportetikett 2.01

Folgende Abbildung zeigt ein RFID-taugliches Transportetikett:

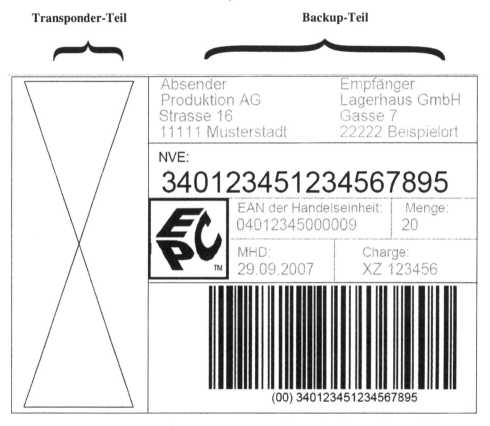

Quelle: GS1 Germany GmbH, 2007

Welche **3** der 7 Informationen **muss** der sog. Backup-Teil dieses Etikettes unbedingt enthalten?

1. NVE
2. Barcode
3. MHD
4. EAN
5. EPC-Logo
6. Charge
7. Menge

Informations- und Kommunikationssysteme

2.02 Elektronischer Datenaustausch

Welche der folgenden Abkürzungen steht gemäß internationalem Standard für das Format elektronischer Daten im speditionellen Geschäftsverkehr?

1. ISO
2. DIN e. V.
3. EDIFACT
4. EDIFOR
5. EDIWHEEL

2.03 EDV-Fachbegriffe

Die Aufgabe besteht aus den Teilen 1 und 2.

Teil 1 – Umschreibungen

Ordnen Sie **3** der folgenden 6 Umschreibungen den rechts stehenden Fachbegriffen zu. Tragen Sie die zutreffenden Ziffern in die Kästchen neben den Fachbegriffen ein! Übertragen Sie anschließend Ihre senkrecht angeordneten Lösungsziffern in dieser Reihenfolge von links nach rechts in den Lösungsbogen!

Umschreibungen

1. Großrechner (ständig in Betrieb), der zentral große Datenmengen bereitstellt
2. Auf eigenem Betriebssystem beruhendes Programm, um Internet-Inhalte (HTML-Dokumente) darzustellen und zu lesen
3. Dienst, der mittels Software Internet-Ressourcen maschinell erschließt, indem er Indizes der abgesuchten Seiten in Form von Datenbanken anlegt
4. Anbieter von Dienstleistungen (Diensten) im Internet
5. Rechnernetzwerk, welches nur von einer festgelegten Gruppe von Mitgliedern einer Organisation genutzt werden kann
6. Arbeitsspeicher mit beliebigem Zugriff

Fachbegriffe

a) Intranet
b) Server
c) RAM

Fortsetzung auf der nächsten Seite

Informations- und Kommunikationssysteme

EDV-Fachbegriffe 2.03

Fortsetzung

Teil 2 – Systemkomponenten

Die folgende Grafik zeigt den Aufbau einer Datenverarbeitungsanlage (DV-Anlage). Die einzelnen Komponenten sind systematisch über- und untergeordnet:

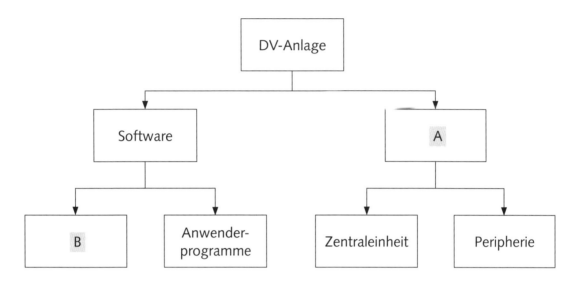

Welche der folgenden Bezeichnungen ergeben eine sinnvolle Ergänzung für die Felder **A** und **B** in der grafischen Darstellung?

Bezeichnungen:

1. Feld A = Codierung, Feld B = Hardware
2. Feld A = Betriebssystem, Feld B = Computer
3. Feld A = Hardware, Feld B = Codierung
4. Feld A = Computer, Feld B = Betriebssystem
5. Feld A Hardware, Feld B = Betriebssystem

Matching 2.04

Was ist mit dem Begriff „matching" im Zusammenhang mit einer internetbasierten Frachtenbörse gemeint?

1. Einrichten eines Portals für internetbasierte Frachtbörsen
2. Zusammenbringen von Frachtangebot und Frachtnachfrage
3. Teilnahme an einer Internetauktion
4. Betreten eines virtuellen Marktplatzes
5. Ausschreiben langfristiger Transport- und Logistikkontrakte

Datenschutz und Datensicherung

3.01 Bundesdatenschutzgesetz (BDSG)

Das Bundesdatenschutzgesetz benennt u. a. besondere Arten personenbezogener Daten. Welche der folgenden Daten gehören nicht zu dieser Auswahl?

1. Daten über den Gesundheitszustand
2. Daten über die ethnische Herkunft
3. Daten über die religiöse Überzeugung
4. Daten über Bilanzpositionen einer Logistik AG
5. Daten über Zugehörigkeit von Gewerkschaften

3.02 Datensicherheit

In der Buchhaltung der SPEDAIX GmbH soll eine Banküberweisung über Eingangsfrachten an einen Subunternehmer mittels online-banking vorgenommen werden.

Bringen Sie folgende Eingabetätigkeiten, die ab der Anwahl der homepage der Onlinebank erforderlich sind, in die richtige zeitliche Reihenfolge, indem Sie die Ziffern 1 – 5 in die Kästchen neben den Eingaben eintragen. Übertragen Sie anschließend Ihre senkrecht angeordneten Lösungsziffern in dieser Reihenfolge von links nach rechts in den Lösungsbogen!

Eingaben

a) PIN

b) BLZ der Empfängerbank

c) TAN

d) Benutzernamen (eigene Kontoverbindung)

e) Logout

3.03 Datensicherung

Welcher der folgenden Einrichtungen/Maßnahmen bedient man sich, um Daten einer externen Speicherung zuzuführen?

1. Backup
2. Proxyserver
3. Spamfilter
4. Browser
5. Restore

Anwenden der englischen Sprache bei Fachaufgaben

Spediteur-Übernahmebescheinigung 4.01

Einem schwedischen Kunden soll im Rahmen eines internationalen Transportes eine Spediteur-Übernahmebescheinigung ausgestellt werden. Welcher der folgenden englischen Fachbegriffe kennzeichnet diese Bescheinigung?

1. international truck way bill
2. consular invoice
3. warehouse receipt
4. forwarding agents certificate of receipt
5. mate's receipt

Situation zu den Aufgaben 4.02 bis 4.04

Die SPEDAIX GmbH, Aachen, lässt aufgrund eines Speditionsvertrages für die KOXX AG, Köln, 14 t Werkzeuge, verpackt in Kisten (insgesamt 20 cbm) von dem Subunternehmer TRAP KG, Köln, zu einer Filiale des US-Baumarktes HOMEDEPOT in Birmingham (UK) per LKW und Fähre (ohne Umladung) befördern. Transportroute: Köln – Aachen – Calais – Dover – London – Birmingham.

CMR-Gültigkeit 4.02

Hinsichtlich der CMR-Gültigkeit finden sich in der englisch-sprachigen Ausgabe folgende Bestimmungen (Auszug):

CMR-Article 1
(1) This Convention shall apply to every contract for the carriage of goods by road in vehicles for reward, when the place of taking over of the goods and the place designated for delivery, as specified in the contract, are situated in two different countries, of which at least one is a contracting country, ...

CMR-Article 2
(1) Where the vehicle containing the goods is carried over part of the journey by sea, rail, inland waterways or air, and (...) the goods are not unloaded from the vehicle, this Convention shall nevertheless apply to the whole of the carriage. ...

Welche **2** der folgenden 6 Aussagen treffen zu?

Aussagen

1. Für die Beförderungsstrecke Köln – Aachen (bzw. deutsch-belgische Grenze) gilt HGB-Frachtrecht, anschließend CMR-Frachtrecht.
2. CMR-Frachtrecht gilt hier auf der gesamten Beförderungsstrecke von Köln nach Birmingham.
3. Auf dem Beförderungsabschnitt Calais – Dover gilt CMR-Frachtrecht nicht, da hier eine Seebeförderung (LKW auf Fähre) stattfindet.
4. CMR-Frachtrecht ist nur anwendbar, weil sowohl die Bundesrepublik Deutschland **und** Großbritannien das CMR-Abkommen ratifiziert haben.
5. CMR-Frachtrecht ist auch anwendbar, wenn lediglich ein Staat, in dem sich der Belade- bzw. Entladeort befindet, ein CMR-Vertragsstaat ist.
6. CMR-Frachtrecht gilt erst ab Grenzübertritt.

Anwenden der englischen Sprache bei Fachaufgaben

4.03 CMR-Frachtvertrag

In einschlägigen CMR-Artikeln finden sich zum Frachtvertrag in der englisch-sprachigen Ausgabe u. a. folgende Bestimmungen (Auszüge):

CMR-Article 4
The contract of carriage shall be confirmed by the making out of consignment note. The absence, irregularity or loss of the consignment note shall not affect the existence of the validity of the contract of carriage …

CMR-Article 5
(1) The consignment note shall be made out in three original copies signed by the sender and by the carrier. (…) The first copy shall be handed to the sender, the second copy shall accompany the goods and the third shall be retained by the carrier.

Prüfen Sie folgende Aussagen. Welche **3** Aussagen treffen zu?

Aussagen

1. Der CMR-Frachtvertrag ist nur gültig, wenn ein CMR-Frachtbrief ausgestellt wurde.
2. Geht der CMR-Frachtbrief verloren wird der CMR-Frachtvertrag automatisch ungültig.
3. Der CMR-Frachtbrief wird in drei Ausfertigungen ausgestellt.
4. Die dritte Ausfertigung behält die TRAP KG.
5. Die erste Ausfertigung bekommt die KOXX AG.
6. Der Frachtbrief ist auch von der SPEDAIX GmbH zu unterzeichnen.
7. Die zweite Ausfertigung erhält der Absender.

4.04 CMR-Frachtbrief

In den in englischer Sprache abgefassten CMR-Frachtbrief sollen in folgender Reihe eingetragen werden: Sender – Consignee – Carrier – Description of goods – Gross weight – Volume

Welche Reihenfolge trifft zu?

1. SPEDAIX GmbH – HOMEDEPOT – KOXX AG – Werkzeuge – 20 cbm – 14 t
2. HOMEDEPOT – KOXX AG – SPEDAIX GmbH – Werkzeuge – 14 t – 20 cbm
3. HOMEDEPOT – KOXX AG – SPEDAIX GmbH – Werkzeuge – 20 cbm – 14 t
4. KOXX AG – HOMEDEPOT – SPEDAIX GmbH – Werkzeuge – 14 t – 20 cbm
5. TRAP KG – HOMEDEPOT – SPEDAIX GmbH – Werkzeuge – 14 t – 20 cbm
6. SPEDAIX GmbH – HOMEDEPOT – TRAP KG – Werkzeuge – 14 t – 20 cbm

ECMT 4.05

Wofür steht die Abkürzung „ECMT" (wortwörtlich)?

1. Européenne Conférence des Ministres des Transports
2. Europäische Conferenz der Minister für Transport
3. CEMT-Genehmigung
4. European Conference of Ministers of Transport
5. ECMT-Genehmigung

Carnet TIR 4.06

Wer ist Aussteller eines Carnet TIR?

1. BAG
2. IRU
3. IHK
4. ECMT
5. EU
6. ICC

Anwenden der englischen Sprache bei Fachaufgaben

4.07 **Kundenanfrage bearbeiten**

Situation

In der Seehafenspedition SI Shipping Lines, Inc., Singapore, berechnet man befrachtenden Kunden für Sendungen zu den westeuropäischen Häfen (sog. ARA-Häfen) USD 65,00 je **Gewichtstonne** (brutto).

Als Mitarbeiter/-in der SI Shipping Lines, Inc., erhalten Sie heute folgende Anfrage:

MITO TENT Industries Ltd.
72, Bukit Tinggi Road, Singapore 289760
Tel: (65) 6469 1133   Fax: (65) 6469 0319

SI Shipping Lines Inc.
14, King Henry Road
Singapore

Dear Sirs,   19 March 2010

We are going to ship a consignment of tents and further relevant equipment to Antwerp at the beginning of April 2010. The consignment consists of 6,000 tents which have been packed into wooden crates marked 1 – 40, measuring 4.5 x 3 x 2 metres each and weighing 3.8 tons (total weight).

Would you please inform us which vessels are available to reach Antwerp before the end of April? Please let us also know your freight rates.

Yours faithfully,

Roderick Stewart
Roderick Stewart, CEO

Fortsetzung auf der nächsten Seite

Anwenden der englischen Sprache bei Fachaufgaben

Kundenanfrage bearbeiten 4.07

Fortsetzung

Welche **2** der folgenden 6 Aussagen sind – unter Berücksichtigung der Angaben aus der Kundenanfrage – **falsch**?

Aussagen

1. Der Kunde wünscht den seemäßigen Versand von Zelten in Holzkisten.
2. Pro Kollo ist mit 150 Zelten zu rechnen.
3. Die angefragte Sendung soll zu einem niederländischen Hafen befördert werden.
4. Mr. Roderick Stewart unterzeichnet als **Geschäftsführer**.
5. Bei einer Frachtrate von USD 65 je **Gewichtstonne** ist von einer Gesamtfracht in Höhe von USD 8.980,00 auszugehen.
6. Bei einer Frachtrate von USD 65 je **Frachtrechnungstonne** (m/w) wäre von einer Gesamtfracht von USD 70.200,00 auszugehen.

Berufsbezeichnung 4.08

Sie machen eine Ausbildung zum/zur „Kaufmann/Kauffrau für Spedition und Logistikdienstleistung". Wie lautet die englischsprachige Version dieses Ausbildungsberufes?

1. Logistic and forwarding manager
2. Forwarding and logistic assistant
3. Forwarding and logistics services agent
4. Freight forwarding and logistics services clerk
5. Assistant for freight forwarding and logistics services

Anwenden der englischen Sprache bei Fachaufgaben

4.09 FBL

Die Aufgabe besteht aus den Teilen 1 und 2.

Die IATA-Agentur INTER CAROLUS GmbH, 52080 Aachen, Trierer Str. 989 a, fertigt für ihren Kunden, die Eisen-WOLFF KG, Moltkestr. 199, 52249 Eschweiler, folgende Sendung im Rahmen einer Luftfrachtsammelladung ab:

Anzahl der Colli	Abmessungen/ Gewicht je Collo	Inhalt	Markierung, Zeichen und Nr.	Empfänger
4	90 x 50 x 50 cm, 55 kg	Spezialwerkzeuge	WO Nr. Wz5-544	J. R. DEXTER Inc. 7334 Bigelow-Blvd. Vancouver (CAN)

Empfangsspediteur ist die Iasn LASLO & Partners Co., 88 Sunrise Drive, in Vancouver (CAN).

Die Eisen-WOLFF KG erhält wunschgemäß von INTER CAROLUS das nebenstehend abgebildete Spediteurversanddokument (in dreifacher Ausfertigung). Eine Transportversicherungssumme in Höhe von 36.000,00 Euro soll eingedeckt werden.

Teil 1 – Bedeutung des FBL

Welche **beiden** Aussagen treffen **nicht** auf das nebenstehend abgebildete Dokument zu?

Aussagen

1. Bei dem Dokument handelt es sich um ein nicht übertragbares Konnossement für den multimodalen Transport.
2. Bei Vorlage eines Original-FBL verlieren die übrigen Originale (hier 2) ihre Gültigkeit.
3. INTER CAROLUS legt Wert auf die Feststellung, dass sie keinerlei Garantie für den Inhalt der Colli gibt, sondern lediglich Markierung, Zeichen und Nr. geprüft hat.
4. Aussteller des Dokumentes ist die FIATA.
5. Aussteller des Dokumentes ist die INTER CAROLUS GmbH.
6. Das Dokument sieht die Angabe einer Meldeadresse vor.

Teil 2 – Eintragungen im FBL

In welche **6** der 9 markierten Felder jeweils sind folgende Eintragungen vorzunehmen? Ordnen Sie die Kennziffern der markierten Felder den Eintragungen zu. Übertragen Sie anschließend Ihre senkrecht angeordneten Lösungsziffern in dieser Reihenfolge von links nach rechts in den Lösungsbogen!

Eintragungen

a) J. R. DEXTER Inc., 7334 Bigelow-Blvd., Vancouver (CAN)

b) Eisen-WOLFF KG, Moltke-Str. 199, 52249 Eschweiler (GER)

c) Ian LASLO & PARTNERS Co., 88 Sunrise Drive, Vancouver (CAN)

d) Vermerk, dass eine Transportversicherung eingedeckt wurde

e) 90 x 50 x 50 cm each

f) 3/Three

Anwenden der englischen Sprache bei Fachaufgaben

Anlage zu Aufgabe 4.09

Consignor		**FBL** DE
[1]		NEGOTIABLE FIATA MULTIMODAL TRANSPORT BILL OF LANDING — issued subject to UNCTAD/ICC Rules for Multimodal Transport Documents (ICC Publication 481).
Consigned to order of [2]		
Notify address [3]		INTER CAROLUS GmbH Trierer Str. 989 a D52080 Aachen

	Place of receipt	
Ocean Vessel	Port of Loading	
Port of discharge	Place of delivery	

Marks and numbers	Number and kind of packages	description of goods	Gross weight (kg)	Measurement
	4 cases special tools S.T.C.		[4]	[5]

according to the declaration of the consignor

Declaration of Interest of the consignor In timely delivery (Clause 6.2)	Declared Value for ad valorem rate according to the declaration of the consignor (Clause 7 and 8)

The goods and instructions are accepted and dealt with subject to the Standard Conditions printed overleaf.

Taken in charge in apparent good order and condition the goods, unless otherwise noted herein, at the place of receipt for transport and delivery as mentioned above.

One of these Multimodal Transport Bill of Lading must be surrendered duly endorsed in exchange for the goods. In witness whereof the original Multimodal Transport Bill of Lading all of this tenor and date have been signed in the number stated below, one of which being accomplished the other(s) to be void.

Freight amount [6]	Freight payable at	Place and date of issue:
Cargo Insurance through the undersigned [7] ☐ non covered ☐ Covered according to attached Policy	Number of Original FBL's [8]	Stamp and signature
For delivery of goods please apply to: [9]		

Anwenden der englischen Sprache bei Fachaufgaben

4.10 Booking Information

Die SPEDAIX GmbH hat bei einer Reederei Schiffsraum für eine Übersee-Sendung gebucht und erhält folgende booking information (Auszug):

BOOKING No.:	X 677-904		
VESSEL/Carrier:	LEBLON / ALIANCA NAVEGACAO E LOGISTICA LTDA.		
POR:	Rotterdam	CLOSING:	2010-03-30 – 20:00
POL:	Rotterdam	ETS:	2010-03-31
POD:	Recife	ETA:	2010-04-25
CONTAINER:	1 x 40' HIGH CUBE	WEIGHT:	27,550 KGS
POSITIONING:	2010-03-24 – 08:00 AIXTRON AG (HQ), Kackertstr. 15 – 17, D52072 Aachen		
CONTAINER-MOVEMENT:	M/H	THC:	EUR 186,00
FAC Spedaix GmbH:	3 %	BAF:	USD 101,00 / TEU

Welche **2** der folgenden 6 Aussagen treffen auf die vorgenannte booking information zu?

Aussagen

1. Die Güter müssen am 30. März 2010 bis 20:00 Uhr zur Abladung bereitgestellt werden.
2. Die Gebühren für den Containerumschlag belaufen sich auf USD 101,00 je 20-Fuß-Container.
3. Die voraussichtliche Abfahrt der LEBLON ist der 25. April 2010.
4. Der zu erhebende Zuschlag für (gestiegene) Treibstoffkosten beträgt hier insgesamt USD 202,00.
5. Der Zielhafen liegt in Argentinien.
6. Die voraussichtliche Ankunft der LEBLON ist der 31. März 2010.

Anwenden der englischen Sprache bei Fachaufgaben

Britischer LKW-Transport nach Deutschland 4.11

Die Aufgabe besteht aus 4 Teilen

Eine Sendung mit Textilien soll durch einen britischen Transportunternehmer mit dem LKW von Manchester (UK) nach München befördert werden. Im Kaufvertrag zwischen dem Versender und dem Empfänger steht die Klausel: **CIP Munich (GER)**

Teil 1 – Bedeutung von Vertragsklauseln

Wie lautet die englischsprachige Bezeichnung für die im Kaufvertrag genannte Art von Klauseln?

1. terms of delivery
2. terms of sale
3. terms of trade
4. terms of carriage
5. terms of finance

Teil 2 – Art der Fahrerlaubnis

Welche Erlaubnis benötigt der britische Transportunternehmer für die Durchführung des LKW-Transportes von Manchester nach München?

1. ECMT authorisation
2. Authorisation of a third country
3. Bilateral permit
4. National permit
5. Community licence

Teil 3 – Frachtdokument

Welches der folgenden Frachtdokumente ist für den LKW-Transport ungeeignet?

1. consignment note (CN)
2. waybill (WB)
3. AWB
4. bill of carriage
5. freight bill

Teil 4 – Beförderungsbedingungen

Wie lautet die englischsprachige Übersetzung der für diesen Transport geltenden Beförderungsbedingungen?

1. Convention of Contract for the International Transport of Goods by road
2. Convention on the Contract for the International Carriage of Goods by Road
3. Contract for the International Carriage of Goods by Road
4. Contract of the International Transport of Goods by Road
5. Convention of the International Transport of Goods by Road

Prozessorientierte Leistungserstellung in Spedition und Logistik

5.01 Verkehrsmitteleignung

Entscheiden Sie, welches der folgenden Verkehrsmittel sich jeweils für die unten aufgeführten Transporte besonders gut eignet. Ordnen Sie den Transportfällen die Kennziffern der zutreffenden Verkehrsmittel zu (Mehrfachnennung möglich). Übertragen Sie anschließend Ihre senkrecht angeordneten Lösungsziffern in dieser Reihenfolge von links nach rechts in den Lösungsbogen!

Verkehrsmittel

1. Lastkraftwagen
2. Eisenbahn
3. Binnenschiff
4. Seeschiff
5. Flugzeug

Transportfälle

a) 1 000 t Stahlrohre, Länge zwischen 30 und 50 m, sollen von Mannheim nach Rotterdam befördert werden.

b) 800 t unreife Bananen sollen von Santos (Brasilien) nach Le Havre (Frankreich) transportiert werden.

c) Rohöl werden von Kuwait nach Nordeuropa verbracht.

d) 15 t Baustoffe werden vom Baustoffhändler in Aachen zu einer Großbaustelle in Maastricht befördert.

e) Mehrere Lastzüge sollen im „Nachtsprung" von München nach Bremen befördert werden.

f) Medizinische Messgeräte sollen von Amsterdam nach Kapstadt geliefert werden.

Prozessorientierte Leistungserstellung in Spedition und Logistik

Situation zu den Aufgaben 5.02 bis 5.04

Als Mitarbeiter/-in der SPEDAIX GmbH Aachen sind Sie u. a. für die Disposition im Nah- und Fernverkehr zuständig. Für die Firma FARBEN KG aus 52080 Aachen sollen an einem Dienstag 480 Großkanister mit Farbgebinden (Gewicht je 28 kg), nach 81375 München zur BAUMARKT GmbH befördert werden. Die Kanister werden zu je 8 Stück palettiert (die Europaletten sind stapelbar). Das Nettogewicht einer EUR-Palette liegt bei maximal 30 kg.

Zusatzinformationen

Entfernung 52080 – 81375: 640 km (davon 95 % mautpflichtig)
Mautsatz je km: 10,8 Ct.

Festpreisvereinbarung mit der FARBEN KG: 700,00 Euro (ausschließlich Mautkosten)

Die Mautkosten sind nicht Gegenstand der Preiskalkulation und werden vereinbarungsgemäß dem Kunden gesondert belastet.

Kalkulationsdaten (für Selbsteintritt):

Tagessatz des Sattelzuges: 315,00 Euro
Kilometersatz: 66,45 Ct.

Rückfracht in München ist sicher.

Konditionen (für Fremdbezug der Transportleistung):

Preisvereinbarung mit Subunternehmer:

4,40 Euro je angefangene 100 kg (bei Abrechnung von mindestens 10 t)
4,05 Euro je angefangene 100 kg (bei Abrechnung von mindestens 15 t)
3,45 Euro je angefangene 100 kg (bei Abrechnung von mindestens 20 t)

Der Subunternehmer gewährt außerdem eine Minusmarge von 10 %.
Alle Angaben sind netto (ohne Mehrwertsteuer).

Prozessorientierte Leistungserstellung in Spedition und Logistik

5.02 Fahrzeugdisposition

Für den Transport der palettierten Farbkanister steht ein Sattelzug (Ladefläche des Aufliegers 2,4 m x 13,6 m, Nutzlast 23 t) zur Verfügung. Über den Einsatz des Fahrzeuges bestehen verschiedene Ansichten. Prüfen Sie, welche **2** der folgenden 6 Aussagen zutreffen.

Aussagen

1. Wegen der benötigten Palettenanzahl ist die Durchführung des Transportes mit dem Sattelzug nicht möglich.
2. Unter Berücksichtigung der gemachten Angaben fasst der Auflieger zwar die erforderliche Anzahl der palettierten Kanister, das Sendungsgewicht überschreitet jedoch insgesamt die Nutzlast.
3. Die Sendung kann vom Volumen und Gewicht her mit dem Sattelzug befördert werden. Die Kapazität reicht aus.
4. Die Ladefläche des Aufliegers ist lediglich für 32 Europalettenstellplätze ausgelegt.
5. Bei Ausnutzung der maximal möglichen Europalettenstellplätze auf der Ladefläche des Aufliegers werden bei dieser Sendung 8 Europaletten nicht aufgestapelt.
6. Die nutzbare Ladefläche beträgt 34 qm.

5.03 Selbsteintritt oder Fremdbezug (Make-or-Buy)

Die Aufgabe besteht aus den Teilen 1 bis 3.

Teil 1 – Mautkosten

a) Welcher der folgenden Faktoren hat keinen Einfluss auf die Erhebung bzw. Höhe der Maut?

Faktoren

1. Anzahl der Achsen
2. Schadstoffklasse
3. Verpackung des Gutes
4. Zulässiges Gesamtgewicht
5. Gefahrene Kilometer
6. Benutzte Straßen

b) Berechnen Sie die Höhe der Mautkosten, die für den Transport anfallen und dem Kunden weiterbelastet werden.

Teil 2 – Kosten des Selbsteintritts

Berechnen Sie die Kosten, die der SPEDAIX GmbH entstehen, wenn sie auf Basis der Kalkulationsdaten den Transport mit eigenem Fahrzeug durchführt.

Teil 3 – Kosten der fremdbezogenen Transportleistung

Ermitteln Sie das Rohergebnis für die SPEDAIX GmbH, das erwirtschaftet wird, wenn der Transport durch einen Subunternehmer zu den angegebenen Konditionen durchgeführt wird.

Frachtvertrag 5.04

Zwischen der SPEDAIX GmbH und dem Transportunternehmer Axel C. WAGENKNECHT e. K. kommt es zum Abschluss eines Beförderungsvertrages. Welche **2** der folgenden 6 Aussagen zum Frachtvertrag **sind richtig**?

Aussagen

1. Der Frachtvertrag kommt erst zustande, wenn der Transportunternehmer die Sendung und den Frachtbrief übernommen hat.
2. Der Frachtvertrag kann formfrei durch zwei übereinstimmende Willenserklärungen der Vertragspartner geschlossen werden. Die Ausstellung eines Frachtbriefes ist nicht erforderlich.
3. Der Frachtvertrag wird geschlossen zwischen dem Frachtführer und dem Versender.
4. Der Frachtvertrag verpflichtet den Frachtführer zur beförderungssicheren Beladung und den Absender zur betriebssicheren Verladung.
5. Der Frachtvertrag verpflichtet den Empfänger der Sendung zur Entladung am Bestimmungsort.
6. Der Frachtvertrag verpflichtet den Absender zur beförderungssicheren Be- und Entladung und den Frachtführer zur betriebssicheren Verladung.

Palettenlager

Prozessorientierte Leistungserstellung in Spedition und Logistik

Situation zu den Aufgaben 5.05 und 5.06

Die SPEDAIX GmbH transportiert für ihren Kunden, die Fritz KOCH CHEMIE AG; 140 Fässer Gefahrgut in den 520 km entfernt liegenden Zielort in Niederbayern.

Der Fahrer der SPEDAIX GmbH, Herr SCHNEIDER, beginnt seine Schicht mit Verlassen des Speditionshofes um 08:00 Uhr in Richtung Zielort. Zuvor wurden dem Fahrer die ladungs- und fahrzeugbezogenen Dokumente ausgehändigt.

5.05 Begleitdokumente

Prüfen Sie, welche der u. a. Papiere bzw. Dokumente

1. fahrerbezogen
2. fahrzeugbezogen
3. ladungsbezogen

sind. Ordnen Sie zu, indem Sie die Kenziffern der unter **1.**, **2.** und **3.** genannten Eigenschaften in die Kästchen neben den Dokumenten eintragen. Übertragen Sie anschließend Ihre senkrecht angeordneten Lösungsziffern in dieser Reihenfolge von links nach rechts in den Lösungsbogen!

Papiere bzw. Dokumente

a) Sozialversicherungsausweis

b) Frachtbrief

c) Erlaubnisurkunde

d) TÜV-Bescheinigung

e) Zulassungsbescheinigung Teil I (ZuB)

f) Schriftliche Weisung

g) ADR-Bescheinigung

h) Fahrerkarte

Prozessorientierte Leistungserstellung in Spedition und Logistik

EU-Sozialvorschriften 5.06

Bestimmen Sie die zu erwartende Ankunftszeit am Zielort, wenn von einer durchschnittlichen Fahrleistung von 65 km/h ausgegangen wird und die EU-Sozialvorschriften einzuhalten sind.

Transportgenehmigungen 5.07

Folgende Güterkraftverkehre sollen von am Beladeort ansässigen Transportunternehmern durchgeführt werden:

Transport Nr.	Beladeort	Städte, die gemäß Tourenplanung passiert werden	Entladeort
1	Aachen	–	Maastricht
2	Stuttgart	Basel, Como	Mailand
3	Brüssel	Aachen, Berlin, Poznan	Minsk
4	Minsk	Warschau, Berlin	Hannover
5	Hamburg	Fähre Kiel – Klaipéda	Kaunas
6	Birmingham	Fähre Dover – Calais, Paris	Marseille
7	Dortmund	Frankfurt/Main, Stuttgart	Konstanz
8	Porto	Barcelona, Nancy, Stuttgart, Berlin	Warschau

Welche 3 Aussagen treffen zu?

Aussagen

1. Zur Durchführung des Transportes Nr. 4 benötigt der Unternehmer eine Drittstaatengenehmigung bzw. CEMT-Genehmigung.
2. Alle Transporte (Nr. 1 bis 8) können mittels CEMT-Genehmigung durchgeführt werden.
3. Für den Transport Nr. 2 benötigt der Unternehmer neben der EU-Lizenz eine Transitgenehmigung für die Schweiz.
4. Alle Transporte (Nr. 1 bis 8) können mittels EU-Lizenzen durchgeführt werden.
5. Für den Transport Nr. 3 benötigt der Unternehmer neben der EU-Lizenz eine bilaterale Transportgenehmigung für Weißrussland oder eine CEMT-Genehmigung.
6. Für den Transport Nr. 7 benötigt der Unternehmer die EU-Lizenz.
7. Für den Transport Nr. 5 benötigt der Unternehmer die CEMT-Genehmigung.

Prozessorientierte Leistungserstellung in Spedition und Logistik

5.08 Kabotage-Verkehre

Mit welchen **3** Erlaubnissen/Genehmigungen dürfen **keine** innerstaatlichen bzw. Kabotage-Verkehre in den betreffenden Ländern durchgeführt werden?

Erlaubnisse/Genehmigungen

1. Erlaubnis für den nationalen gewerblichen Güterkraftverkehr eines Aachener Unternehmers für Transport von Aachen nach Rostock
2. EU-Lizenz eines deutschen Unternehmers für Transport von Paris nach Lille
3. EU-Lizenz eines französischen Unternehmers für Transport von Bern nach Basel
4. Drittstaatengenehmigung eines russischen Unternehmers für Deutschland
5. CEMT-Genehmigung eines spanischen Unternehmers für Transport in ein Drittland (Nicht-EU-Land)
6. EU-Lizenz eines italienischen Unternehmers für Transport innerhalb Österreichs
7. EU-Lizenz eines belgischen Unternehmers für Transport von Köln nach Berlin

5.09 Rechnungsprüfung und Rechnungserstellung

Die Aufgabe besteht aus den Teilen 1 und 2.

Teil 1 – Prüfen von Eingangsrechnungen

Die SPEDAIX GmbH erhält für die Durchführung einer Transportleistung von ihrem Subunternehmer, der Dresdener Transportgesellschaft mbH, 01328 Dresden, Am Spritzenberg 112, folgende Rechnung (siehe Anlage auf der nachfolgenden Seite).

Nachdem die sachliche Richtigkeit der Rechnung geprüft und akzeptiert wurde, soll die rechnerische Richtigkeit festgestellt werden.

Welches der folgenden Ergebnisse trifft zu?

Prüfergebnisse

1. Die Rechnung ist rechnerisch korrekt.
2. Die Rechnung ist fehlerhaft. Der Frachtbetrag (brutto) muss auf 797,93 Euro lauten, da der Prozentwert des Frachtrabattes 52,53 Euro beträgt.
3. Die Rechnung ist fehlerhaft. Der Frachtbetrag (brutto) muss auf 674,14 Euro lauten, da der Frachtrabatt über 51,50 Euro von der vereinbarten Fracht abzuziehen ist.
4. Die Rechnung ist fehlerhaft. Der Frachtbetrag (brutto) muss auf 672,91 Euro lauten, da der Prozentwert des Frachtrabattes 52,53 Euro beträgt und von der vereinbarten Fracht abzuziehen ist.
5. Die Rechnung ist fehlerhaft. Der Frachtbetrag (brutto) muss auf 716,37 Euro lauten, da für Transportleistungen nur ein ermäßigter Mehrwertsteuersatz von derzeit 7 % aufgeschlagen werden darf.

Fortsetzung auf der nächsten Seite

Rechnungsprüfung und Rechnungserstellung 5.09

Fortsetzung

Anlage zu Teil 1

DTGmbH *Dresdener Transportgesellschaft mbH*

Dresdener Transportgesellschaft mbH, Am Spritzenberg 112, 01328 Dresden

SPEDAIX GmbH
Debyestraße 200
52078 Aachen

Rechnung Nr. 445/34

Kd-Nr. 445   Auftrags-Nr. 815-55   vom 07.03.2010   Dresden, 12.03.2010

19 t Grobbleche
Ladeort: 01108 DD-Marsdorf, An den Birken 304
Entladeort: 52078 AC-Brand, Debyestr. 200

	Euro
Fracht nach Vereinbarung vom 08.02. d. J.	618,00
Frachtrabatt 8 ½ %	51,50
Fracht (netto)	669,50
19 % MwSt.	127,21
Fracht (brutto)	790,71

Die Rechnung ist zahlbar binnen 1 Woche ohne Abzug.

Dresdener Transportgesellschaft mbH	Tel. 0351/554879-45	Bankhaus Zorngibel & Töchter
Geschäftsräume:	Fax: 0351/554880	BLZ 699 007 44
Am Spritzenberg 112	E-Mail: DTG@DTG.de	Konto-Nr. 6554
01328 Dresden	hompage: www.DTGmbH.eu	
	Steuer-Nr. 128/7341/9143	
Geschäftsführerin:	USt-IdNr. DE 811123006	
Anna Maria Fußbroich	HRB 65578 Amtsgericht Dresden	

Fortsetzung auf der nächsten Seite

Prozessorientierte Leistungserstellung in Spedition und Logistik

5.09 Rechnungsprüfung und Rechnungserstellung

Fortsetzung

Teil 2 – Erstellen von Ausgangsrechnungen

Die SPEDAIX GmbH hat mit einem langjährigen Kunden für innerdeutsche Transporte folgende Preise vereinbart:

Preisliste A (für innerdeutsche Transporte) gültig ab 01.01.2010

6,95 EUR je angefangene 100 kg des Bruttogewichts
alternativ (falls günstiger für den Verlader):
130,00 EUR je angefangener Lademeter

Sendungen über 20 t Gesamtgewicht bzw. ab 13 Lademeter werden mit 15 Prozent von der Nettofracht rabattiert.

Heute erhalten Sie den Auftrag, für Ihren Kunden die Rechnung (einschließlich Mehrwertsteuer) zu erstellen. Die Grundlage bildet folgender Auszug aus dem Speditionsauftrag vom 21.04.:

18) Zeichen und Nr. Packstück-Identifikations-Nr.	19) Anzahl	20) Packstück	21) SF	22) Inhalt	23) Lademittel-gewicht in kg	24) Brutto-gewicht in kg
SKW 01-64	58	EUR-Pal.	1	Sportartikel		24.410
Summe:	25)	26) Rauminhalt cdm/Lademeter Summen:			27)	28)

29) Gefahrgut

30) Frankatur
Frei Haus

31) Warenwert für Transportversicherung

32) Versender-Nachnahme

33) Anlagen

Preis: laut Vereinbarung (Preisliste A) vom 01.01.2010

21.04.2010 [Unterschrift]
Datum, Unterschrift

Wir arbeiten ausschließlich aufgrund der Allgemeinen Deutschen Spediteurbedingungen (neueste Fassung). **Diese beschränken in Ziffer 23 ADSp die gesetzliche Haftung des Spediteurs nach § 431 HGB für Schäden an Gütern in speditionellem Gewahrsam auf 5,00 EUR/kg, bei multimodalen Transporten unter Einschluss einer Seebeförderung auf 2 SZR/kg; darüber hinaus je Schadensfall bzw. Schadensereignis auf 1 Mio. bzw. 2 Mio. oder 2 SZR/kg, je nachdem welcher Betrag höher ist.**

Ermitteln Sie den für den Kunden günstigsten Rechnungsbetrag. Übertragen Sie ihn anschließend in die Kästchen des Lösungsbogens.

Güterversendung und Transport

Verkehrsträgervergleich 6.01

Rohdiamanten im Wert von 7,2 Mio. Euro sollen von Kapstadt nach Vancouver befördert werden. Da die Sendung nicht termingebunden ist, soll allein unter Kostengesichtspunkten entschieden werden, welcher Verkehrsträger der günstigere ist.

Welche **3** der folgenden 7 Aussagen sind zutreffend?

Aussagen

1. Die Prämie für die Transportversicherung im Falle einer Seebeförderung dürfte ungleich höher sein als die bei einer Luftbeförderung.
2. Die reinen Transport- und Handlingkosten bei der Luftfracht dürften höher ausfallen als bei der Seefracht.
3. Der kalkulatorische Zinsverlust für die Kapitalbindung während der Beförderung mittels Seeschiff wird höher ausfallen als bei einer Luftbeförderung.
4. Letztendlich dürften Luftbeförderung und Seebeförderung kostengleich ausfallen.
5. Letztendlich dürfte die Seebeförderung insgesamt kostengünstiger ausfallen als die Luftbeförderung.
6. Der Zinsverlust für die Kapitalbindung bei Luftbeförderung wird höher als der beim Seeschiff ausfallen.
7. Der Zinsverlust ist bei beiden Verkehrsmitteln kostenneutral.

Güterversendung und Transport

Situation zu den Aufgaben 6.02 bis 6.03

Die international tätige Kraftwagenspedition C R O S S T R A N S E U R O P E Ltd. in D76187 Karlsruhe-Maxau, August-Bebel-Str. 200–206, beschreibt in einem Firmenporträt ihren Tätigkeitsschwerpunkt wie folgt (Auszug):

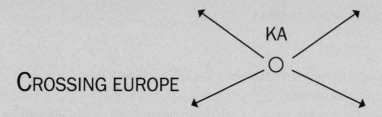

„Aufgrund unserer zentralen Lage bilden wir den Schnittpunkt für Güterströme zwischen dem **Baltikum** und der **Iberischen Halbinsel** einerseits sowie dem **Vereinigten Königreich** und dem **Balkan** andererseits. Täglich fahren unsere LKW in die Metropolen dieser Länder ..."

6.02 Verkehrswege und Transitländer

Welche **3** Aussagen sind richtig?

Aussagen

1. Ein Transport von Karlsruhe über Wien nach Sofia führt in süd-östlicher Richtung in das Balkanland Bulgarien.
2. Fahrzeuge in den Staaten des Baltikums haben Länder-Kennzeichen wie H, RO und MK.
3. Ein Transport von Karlsruhe über Perpignan nach Madrid führt im Transitverkehr durch Spanien.
4. P und E sind die Kfz-Kennzeichen für Fahrzeuge in den Staaten auf der Iberischen Halbinsel.
5. Ein LKW-Transport von Karlsruhe über die Fährverbindung Kiel/Kleipèda nach Vilnius führt ins Baltikum.
6. Ein LKW-Transport von Birmingham über die Fähre Dover/Calais und Aachen nach Karlsruhe führt durch die Transitländer Frankreich und Niederlande.

Güterversendung und Transport

Grenzübergänge 6.03

Die Aufgabe besteht aus den Teilen 1 bis 4.

Teil 1 – Transport auf die Iberische Halbinsel

Welcher der folgenden Grenzübergänge wird auf LKW-Transporten von Karlsruhe aus in die Länder der Iberischen Halbinsel auf kürzestem Weg passiert?

1. Guben
2. Kehl (BW)
3. Füssen
4. Görlitz
5. Pomellen

Teil 2 – Transport ins Baltikum

Ein LKW-Transport führt von Karlsruhe über Frankfurt (Main), Frankfurt (Oder) und Poznan nach Vilnius. Welches der folgenden Länder ist kein angrenzender Nachbarstaat des auf dieser Route zu passierenden Transitlandes?

1. Slowakische Republik
2. Russland
3. Litauen
4. Lettland
5. Ukraine

Teil 3 – Transport in ein Balkanland

Ein mehrtägiger LKW-Transport von Karlsruhe nach Bukarest führt über Wien und Budapest. Welche **2** der folgenden 6 Grenzen werden vom LKW – auf kürzestem Wege – durchfahren?

Grenze zwischen ...

1. Rumänien und Bulgarien
2. Ungarn und Bulgarien
3. Tschechien und Slowakei
4. Ungarn und Rumänien
5. Österreich und Ungarn
6. Moldawien und Rumänien

Güterversendung und Transport

6.03 Grenzübergänge

Fortsetzung

Teil 4 – Transport nach Birmingham

Ein LKW-Transport führt von Karlsruhe über Metz, Reims, Calais, Dover und London nach Birmingham. Welche **3** der folgenden 7 Aussagen treffen hierauf zu?

Aussagen

1. Der LKW passiert auf dem kürzesten Weg über Saarbrücken die deutsch-französische Grenze.
2. Der LKW passiert auf dem Transportweg im Transit zwei EU-Staaten.
3. Der Zielort liegt in einem EU-Land ohne unmittelbar angrenzende Drittländer.
4. Der Zielort liegt in einem EU-Land ohne unmittelbar angrenzende EU-Staaten.
5. Der LKW-Transport führt nur einmal über eine „trockene" Grenze.
6. Der Zielort liegt in Schottland.
7. Calais ist eine belgische Hafenstadt.

6.04 Alpentransit

Eine Sendung soll von Köln nach Genua per LKW befördert werden. Dort wird sie containerisiert und nach Tunis verschifft. In Luzern soll ein zweiter Fahrer zusteigen.

Welcher der folgenden Alpenpässe bzw. -tunnel führt auf kürzestem Weg zum Zielort über Genua?

1. Reschen-Pass
2. Loiblpass
3. Großer St. Bernhard
4. St. Gotthard-Tunnel
5. Brenner

Güterversendung und Transport

Bundesautobahnen 6.05

Welche der folgenden 6 Aussagen über die Bundesautobahnen in Deutschland stimmt **nicht**?

Aussagen

1. Autobahnen mit zweistelliger Nr. (z. B. A 21) sind in der Regel von übergeordneter regionaler Bedeutung.
2. Mit über 935 km ist die A 7 die längste Autobahn Deutschlands.
3. Die A 9 verläuft in Nord-Süd-Richtung
4. Die A 6 führt im weiteren Verlauf nach Waidhaus an die Grenze zu Tschechien.
5. Die A 2 führt über Hamburg und Hannover zum Autobahndreieck Werder (Berliner Ring).
6. Köln liegt sowohl an der A 4 als auch an der A 1.

Kombinierter Verkehr 6.06

In welchem der folgenden Fälle handelt es sich **nicht** um kombinierten Verkehr?

Fälle

1. Transport einer Wechselbrücke von Duisburg nach Rotterdam mittels Binnenschiff. Im Vor- und Nachlauf wird die Wechselbrücke im Straßenverkehr befördert.
2. Transport von Hamburg nach Kassel. Im Hauptlauf wird der Sattelauflieger mit der Bahn befördert.
3. Ein Container für Edmonton (CAN) wird mit dem LKW zum Flughafen nach Frankfurt/Main transportiert und von dort aus ins Flugzeug verladen. In Edmonton wird der Container mittels LKW zum Empfänger transportiert.
4. Transport von Gütern von Prag nach Hongkong, bei der die Ladeeinheit und die Güter selbst mehrmals umgeladen und mittels LKW, Eisenbahn und Seeschiff befördert werden.
5. Ein Container wird mittels Seeschiff von Mumbai nach Marseille transportiert. Im Vor- und Nachlauf transportieren LKW und Eisenbahn den Container.

Güterversendung und Transport

6.07 Rechtsvorschriften im Speditions- und Transportgewerbe

Die Aufgabe besteht aus den Teilen 1 bis 3.

Teil 1 – Beförderungsbedingungen im Güterkraftverkehr

Transportunternehmer Axel C. Wagenknecht e. K. befördert folgende Sendungen:

Sendung 1: 20 t Coils von Bochum nach Maastricht
Sendung 2: 8 t Printen von Aachen nach München

Welche Beförderungsbedingungen treffen für die beiden Sendungen zu?

1. HGB (Sendung 1) und ADSp (Sendung 2)
2. CMR (Sendung 1) und GüKG (Sendung 2)
3. CMR (Sendung 1) und ADSp (Sendung 2)
4. VBGL (Sendung 1) und HGB (Sendung 2)
5. CMR (Sendung 1) und HGB (Sendung 2)

Teil 2 – Rangfolge von Rechtsgrundlagen

Spediteur GÄRTNER vereinbart mit der Baugroßhandlung KORTNER KG Einzelabreden für die Organisation innerdeutscher Transporte. In welcher Reihenfolge von 1 – 6 sind nachstehend aufgeführte Rechtsgrundlagen zu prüfen, wenn es um die Wirksamkeit der Vertragsvereinbarungen geht? Übertragen Sie anschließend Ihre senkrecht angeordneten Lösungsziffern in dieser Reihenfolge von links nach rechts in den Lösungsbogen!

Rechtsgrundlagen

a) HGB

b) Einzelvertrag

c) ADSp

d) BGB

e) EU-Recht

f) GG

Fortsetzung auf der nächsten Seite

Rechtsvorschriften im Speditions- und Transportgewerbe

6.07

Fortsetzung

Teil 3 – Internationale Übereinkommen

Welche **3** der folgenden 7 internationalen Übereinkommen betreffen **nicht** den Luftfrachtverkehr?

Internationale Übereinkommen

1. Montrealer Übereinkommen
2. Visby Rules
3. York-Antwerp-Rules
4. Warschauer Abkommen
5. Haager Protokoll
6. Haager Regeln
7. MAK

Rhein-Herne-Kanal mit Gasballon

Güterversendung und Transport

6.08 Wasserstraßen und Häfen der Binnen- und Seeschifffahrt

Die Aufgabe besteht aus den Teilen 1 bis 3.

Teil 1 – Binnenwasserstraßen

Mit der MS TEUTONIA III sollen 1 100 t Coils von Salzgitter nach Heidelberg befördert werden. Bringen Sie folgende Wasserstraßen in die richtige Reihenfolge, indem Sie die Ziffern 1 bis 5 in die Kästchen neben den Vorgängen eintragen. Übertragen Sie anschließend Ihre senkrecht angeordneten Lösungsziffern in dieser Reihenfolge von links nach rechts in den Lösungsbogen!

Wasserstraßen

a) DEK (Dortmund-Ems-Kanal)

b) MLK (Mittellandkanal)

c) Neckar

d) Rhein

e) RHK (Rhein-Herne-Kanal)

Teil 2 – Häfen der Seeschifffahrt

Ein Seeschiff befindet sich auf großer Fahrt von Japan nach Brasilien. In welcher Reihenfolge werden die aufgeführten Häfen angefahren? Verfahren Sie beim Eintragen der Ziffern wie in Teil 1 vorgegeben.

Häfen

a) Mumbai

b) Kobe

c) Savannah

d) Recife

e) Le Havre

Fortsetzung auf der nächsten Seite

Güterversendung und Transport

Wasserstraßen und Häfen der Binnen- und Seeschifffahrt 6.08

Fortsetzung

Teil 3 – Seewege in Europa

Ein Seeschiff fährt von Istanbul nach Hamburg. Bringen Sie folgende Seewege in die richtige Reihenfolge.

Seewege

a) Mittelmeer

b) Atlantik

c) Ärmelkanal

d) Straße von Gibraltar

e) Dardanellen

f) Ägäisches Meer

Weltweite Partnerspeditionen 6.09

Die SPEDAIX GmbH arbeitet auch außereuropäisch mit mehreren Partnerspediteuren in verschiedenen Städten zusammen (vgl. Angaben zur Unternehmensbeschreibung). Stellen Sie fest, in welchem der nachfolgend genannten Erdteile bis dato noch keine Partnerschaften existieren.

1. Afrika
2. Asien
3. Australien
4. Nordamerika
5. Südamerika

Sammelgut- und Systemverkehre

7.01 KEP-Dienste

Wenn von „Sameday", „Innight" oder „Overnight-Service" die Rede ist, handelt es sich um spezielle Angebote eines Logistik-Dienstleisters. Welche der folgenden Dienste umfassen vorwiegend solche Leistungen?

1. Kurierdienste
2. Expressdienste
3. Paketdienste
4. Sammelgutverkehre
5. Direktzustellung

Situation zu den Aufgaben 7.02 bis 7.08

Als Disponent/-in der Spedition SCHWEINBRUNN GmbH in 21423 Winsen an der Luhe, Uferstr. 2, sollen Sie folgende Aufträge zu einer Sammelladung zusammenfassen:

Auftrag Nr.	Anzahl	Verpackungsart	Inhalt	Empfänger	Gewicht in kg
1	10	Ind-Pal. Flach 100 x 120 cm	Regalböden	MÜHL OHG Offenbach (Main)	2 800
2	12	EP flach	Waschpulver	Ernst MONOTON e. K. Rodgau	3 600
3	8	Holzkisten 50 x 60 x 50 cm, stapelbar	Werkzeuge	RÖHL & RÖHL KG, Saarbrücken	280
4	10	Ind-Pal. Flach 100 x 120 cm	Schrauben	STAHLBAU GmbH Aschaffenburg	5 000
5	4	EP flach	Papier	THEILFELD & Söhne GmbH & Co. KG, Darmstadt	1 600
6	4	EP GIBO	Schuhe	LÖRRINGER AG Wiesbaden	1 040

Die Aufbauhöhe aller Paletten ist kleiner bzw. gleich 1 m.

Ind-Pal. = **Industriepaletten**
EP = **Europaletten**
GIBO = **Gitterboxpaletten**

Sendung 1 kann auf Sendung 4 gestapelt werden.

Die Sendung ist dem Empfangsspediteur B. Krahé e. K. in 63450 Hanau, Weingasse 17, für Dienstagmorgen, den 27.03. d. J. 04:00 Uhr zu avisieren.

Die Entfernung Winsen (Luhe) – Hanau beträgt 472,5 km.

Sammelgut- und Systemverkehre

Laderaumbestimmung und Routenplanung 7.02

Die Aufgabe besteht aus den Teilen 1 und 2.

Teil 1 - Laderaumbestimmung

Prüfen Sie, ob die Sammelladung (siehe Situation auf der Vorseite) auf einen Gliederzug verladen werden kann, dessen Ladeflächen auf der Zugmaschine (Motorwagen) und dem Anhänger jeweils 7,30 m x 2,44 m betragen und wenn die Zuladung 23 t nicht überschreiten darf.

Ermitteln Sie die erforderlichen Lademeter und das Gesamtgewicht der Sammelladung. Welches der folgenden **5** Ergebnisse stellen Sie fest?

Ergebnis

1. Die Kapazität des Gliederzuges reicht für die Verladung aus.
2. Die Kapazität des Gliederzuges reicht für die Verladung nicht aus.
3. Das maximale Zuladungsgewicht des Gliederzuges wird überschritten.
4. Der Gliederzug verfügt insgesamt über zu wenig Lademeter.
5. Für die Verladung der Sendung reicht der Motorwagen aus.

Teil 2 – Routenplanung

a) Der Großteil der Transportstrecke von Winsen (Luhe) nach Hanau führt über die A 7 an folgenden Städten vorbei. Bringen Sie die Ziffern der zu passierenden Städte in die richtige Reihenfolge. Übertragen Sie anschließend Ihre senkrecht angeordneten Lösungsziffern in dieser Reihenfolge von links nach rechts in den Lösungsbogen!

Zu passierende Städte (in alphabetischer Reihenfolge)

| a) Fulda |
| b) Göttingen |
| c) Hannover |
| d) Hannoversch Münden |
| e) Hildesheim |
| f) Kassel |

b) Um welche Uhrzeit sollte das Fahrzeug den Speditionshof in Winsen (Luhe) verlassen, um Hanau am Dienstag, den 27.03. d. J. um 04:00 Uhr zu erreichen, wenn von einer Durchschnittsgeschwindigkeit von 70 km/h ausgegangen wird und die EU-Sozialvorschriften einzuhalten sind?

Fortsetzung auf der nächsten Seite

Sammelgut- und Systemverkehre

7.02 Laderaumbestimmung und Routenplanung

Fortsetzung

c) Die Sendungen sind durch den Empfangsspediteur B. Krahé e. K. Dienstag, ab 07:30 Uhr den Endempfängern zuzustellen. Welche **beiden** Zustellorte gehören nicht zur unmittelbaren Umgebung (bis 50 km Radius) des Empfangsspediteurs?

1. D63065 Offenbach am Main (Firma MÜHL OHG)
2. D63110 Rodgau (Firma Ernst MONOTON e. K.)
3. D66111 Saarbrücken (Firma RÖHL & RÖHL KG)
4. D63743 Aschaffenburg (Firma STAHLBAU GmbH)
5. D64289 Darmstadt (Firma THEILFELD & Söhne GmbH & Co. KG)
6. D65199 Wiesbaden (Firma LÖRRINGER AG)

7.03 Vertragsbeteiligte

Auftrag Nr. 2 (12 EP Waschpulver) wurde von der Spedition HUHN & Co. KG aus 21266 Jesteburg bei SCHWEINBRUNN beigeladen.

Die Sendung soll in Hanau bei B. Krahé e. K. von der Spedition Ernst MONOTON e. K. aus 63110 Rodgau abgeholt werden, die einen Teil der Partie dem Waschsalon J. FLEMMING & Co. OHG in 63128 Dietzenbach zustellt.

Ordnen Sie folgende Bezeichnungen den am Auftrag Nr. 2 beteiligten Firmen zu. Übertragen Sie anschließend Ihre senkrecht angeordneten Lösungsziffern in dieser Reihenfolge von links nach rechts in den Lösungsbogen!

Bezeichnungen

1. Empfangsspediteur
2. Beilader
3. Briefspediteur
4. Versandspediteur
5. Endempfänger

Beteiligte Firmen

a) SCHWEINBRUNN GmbH

b) Ernst MONOTON e. K.

c) HUHN & Co. KG

d) J. FLEMMING & Co. OHG

e) B. Krahé e. K.

Sammelgut- und Systemverkehre

Vertragsbeziehungen 7.04

Der Transport der Sammelladung wird im Hauptlauf durchgeführt von dem Transportunternehmer Helmut SCHMITT e. K. aus 21029 HH-Bergedorf.

Zwischen welchen am Sammelgutverkehr beteiligten Firmen existieren im Normalfall **keine** Vertragsbeziehungen. Welche **2** Auswahlantworten treffen zu?

Mögliche Vertragspartner

1. SCHWEINBRUNN GmbH und B. Krahé e. K.
2. B. Krahé e. K. und RÖHL & RÖHL KG
3. SCHWEINBRUNN GmbH und Helmut SCHMITT e. K.
4. HUHN & Co. KG und Ernst MONOTON e. K.
5. HUHN & Co. KG und SCHWEINBRUNN GmbH
6. Ernst MONOTON e. K. und B. Krahé e. K.

Vertragsgrundlagen 7.05

Die zwischen den Beteiligten geschlossenen Verträge basieren auf bestimmten Rechtsgrundlagen. Ordnen Sie folgende Rechtsgrundlagen den u. a. Vertragsbeziehungen zu. Übertragen Sie anschließend Ihre senkrecht angeordneten Lösungsziffern in dieser Reihenfolge von links nach rechts in den Lösungsbogen!

Rechtsgrundlagen

1. ADSp und HGB
2. HGB bzw. VBGL

Vertragsbeziehungen

a) Beilader und Versandspediteur

b) Versandspediteur und Empfangsspediteur

c) Versender und Versandspediteur

d) Versandspediteur und Frachtführer (Hauptlauf)

e) Beilader und Briefspediteur

Sammelgut- und Systemverkehre

7.06 Schnittstellen

Alle Sendungen werden im Vorlauf durch von der SCHWEINBRUNN GmbH beauftragte Nahverkehrsunternehmer aus dem Umland von Winsen an der Luhe vorgeholt.

Prüfen Sie bei welcher der folgenden Übergabepunkte es sich um **keine** Schnittstelle im Sinne der ADSp handelt.

Übergabepunkte

1. Ein Versender übergibt die Sendung an den Nahverkehrsunternehmer.
2. Der Nahverkehrsunternehmer übergibt die Sendung dem Versandspediteur.
3. Der Versandspediteur übergibt die Sammelladung dem Frachtführer (Hauptlauf).
4. Der Frachtführer (Hauptlauf) übergibt die Sammelladung dem Empfangsspediteur.
5. Der Empfangsspediteur stellt die einzelnen Sendungen den Endempfängern zu.

Sammelgut- und Systemverkehre

Abrechnung mit dem Empfangsspediteur 7.07

Zwischen der SCHWEINBRUNN GmbH und B. Krahé e. K. gelten folgende Konditionen (Auszug):

E + V (Entladen und Verteilen)

0 bis 5 t: 0,55 Euro je angefangene 100 kg
Über 5 t: 0,50 Euro je angefangene 100 kg
Über 10 t: 0,44 Euro je angefangene 100 kg
Über 15 t: 0,37 Euro je angefangene 100 kg

Anschlussfrachten

0 – 50 km: 1,90 Euro je angefangene 100 kg
Über 50 km: 3,50 Euro je angefangene 100 kg

Inkassogebühren

0 – 5.000,00 Euro: 6,50 Euro
Über 5.000,00 Euro: 12,90 Euro

Besondere Zustellkosten werden nicht erhoben.

Die Frankatur aller Sendungen lautet: *FREI*.

Bei der Sendung Nr. 3 musste eine Warenwertnachnahme von 6.400,00 Euro kassiert werden.

Prüfen Sie die Rechnung auf der folgenden Seite auf sachliche und rechnerische Richtigkeit.

Sammelgut- und Systemverkehre

7.07   **Abrechnung mit dem Empfangsspediteur**

Fortsetzung

Anlage

Spedition B. Krahé e. K.

Spedition B. Krahé e. K., Weingasse 17, 63450 Hanau

Spedition
SCHWEINBRUNN GmbH
Uferstr. 2
21423 Winsen (Luhe)

Tel.: 06181 76590
Fax: 06181 76500
E-Mail: bkrahe@t-online.de

Datum: 30.03.2010

Rechnung Nr.   23-289-2010

Position	Text	Euro	Euro
	Sammelgut vom Dienstag, 27.03. d. J.		
01	E + V 14 320 kg		63,36
02	Anschlussfrachten bis 50 km:		
	Sendung 1 Offenbach (Main)	53,20	
	Sendung 4 Aschaffenburg	95,00	
	Sendung 5 Darmstadt	30,40	178,60
	Anschlussfrachten über 50 km:		
	Sendung 3 Saarbrücken	10,50	
	Sendung 6 Wiesbaden	38,50	49,00
03	Inkasso Sendung 3		12,90
	Rechnungsbetrag (netto)		303,86
	Mehrwertsteuer 19 %		57,73
	Rechnungsbetrag (brutto)		**361,59**

Bankverbindung:
Bankhaus Bernheim & Cie.
BLZ 455 788 54
Konto-Nr. 5445-9

HRA 7669 Amtsgericht Hanau
USt-IdNr. DE 213154657
Steuer-Nr. 335/9806/5530

Ergebnis der Prüfung

1. Die Rechnung ist sachlich und rechnerisch korrekt.
2. Die Rechnungsposition 01 wurde falsch berechnet.
3. Die Rechnungsposition 02 wurde falsch berechnet.
4. Die Rechnungspositionen 01 und 02 wurden falsch berechnet.
5. Die Rechnungsposition 03 wurde falsch angesetzt.
6. Die Rechnungspositionen 02 und 03 wurden falsch berechnet.
7. Der Rechnungsbetrag (netto) weist einen Additionsfehler auf.
8. Nur die Mehrwertsteuer wurde falsch berechnet.

Sammelgut- und Systemverkehre

Abrechnung mit den Auftraggebern (Versendern) 7.08

Die Sendung 1 (Regalböden) wurde beim Versender in 21335 Lüneburg vorgeholt.

Für die Abrechnung mit den Versendern gilt folgende Preistabelle (Auszug):

Haus-Haus-Entgelt in Euro	501 – 1000 kg	1001 – 1500 kg	1501 – 2000 kg	2001 – 3000 kg
401 – 425 km	232,25	345,25	420,15	452,40
426 – 450 km	238,15	353,75	428,45	461,80
451 – 475 km	243,80	361,65	437,75	470,85
476 – 500 km	248,85	370,85	447,10	480,50
501 – 525 km	253,85	379,85	458,10	492,55

Entfernungen in km	Lüneburg	Winsen (Luhe)	Hanau	Offenbach
Lüneburg	–	20	473	478
Winsen (Luhe)	20	–	472,5	474
Hanau	473	472,5	–	13
Offenbach	478	474	13	–

Welchen Betrag (netto) wird die SCHWEINBRUNN GmbH dem Versender aus Lüneburg in Rechnung stellen?

Tracking & Tracing 7.09

Welche der folgenden Aussagen beschreibt das sog. „Tracking & Tracing"?

Aussagen

1. Tracking & Tracing meint das Anbringen von Transpondern auf Packstücken, die auf ein eingestrahltes elektronisches Signal hin alle gespeicherten Daten preisgeben.
2. Unter Tracking & Tracing versteht man die Abwicklung von Transporten mittels LKW im Sammelgutverkehr.
3. Während das „Tracking" die nachträgliche Verfolgung des Versandweges meint, steht „Tracing" für das Auffinden eines Versandstückes.
4. Tracking befasst sich mit der Abfrage des Status' einer Sendung (Wo befindet sich das Packstück?); Tracing ist die Rückverfolgung des Sendungslaufes im Nachhinein (Welchen Weg ist die Sendung gegangen?).
5. Tracking & Tracing steht für die Kennzeichnung von Produkten (Packstücken) durch EAN-Codierung.

Sammelgut- und Systemverkehre

7.10 Systemverkehre

Welcher der folgenden Verkehre stellt keinen Systemverkehr dar?

1. Kombinierte Verkehre
2. Linienverkehre
3. HUB-and-SPOKE
4. Raster-Systeme
5. Sonderfahrten

7.11 Beladeplan

An einem Montagabend stehen folgende Partien zur Verladung an:

- Beladeort: 52080 Aachen
- Beladezeit: 22:00 Uhr – 22:45 Uhr
- Abfahrt: 23:00 Uhr

Partie	Zustellungsart	Zielorte
1	Sammelgut	Spedition KNESE, 68259 Mannheim
2	Sammelgut	Spedition WOLFF, 60489 Frankfurt
3	Sammelgut	Spedition ENGEL, 76139 Karlsruhe
4	Direktzustellung	Firma BASF, 67071 Ludwigshafen

Die Sendungen sollen auf einen Sattelzug so verladen werden, dass eine sinnvolle (zustellungsoptimierte) Entladung möglich ist.

In welcher Reihenfolge (zuerst die Sendung, die als letzte entladen wird ... zuletzt die Sendung, die als erste entladen wird) sollte der Auflieger beladen werden?

Beladereihenfolgen

1. Partien Nr. 1 – 2 – 3 – 4
2. Partien Nr. 4 – 3 – 2 – 1
3. Partien Nr. 4 – 3 – 1 – 2
4. Partien Nr. 4 – 2 – 1 – 3
5. Partien Nr. 2 – 1 – 3 – 4

Verträge, Haftung und Versicherungen

Situation zu den Aufgaben 8.01 bis 8.05

Die Stolberger Metallfabrik AG, Zweifaller Str. 377, 52224 Stolberg, beauftragt die SPEDAIX GmbH, Aachen, mit der Besorgung einer Beförderung von Industrieblechen im Gesamtgewicht von 22 t von Stolberg-Mitte nach Lüttich zu dem Lampenhersteller ILLUMIN S. A. Die SPEDAIX GmbH entschließt sich, den Transport im Selbsteintritt durchzuführen. Die SPEDAIX GmbH arbeitet auf Grund der ADSp – neueste Fassung.

Vertragsverhältnis 8.01

Welche **2** Aussagen kennzeichnen das Vertragsverhältnis, das die Stolberger Metallfabrik mit SPEDAIX eingegangen ist?

Aussagen

1. Es ist zum Abschluss eines Speditionsvertrages gekommen.
2. Es ist zum Abschluss eines Frachtvertrages gekommen.
3. Dem Vertrag liegen die ADSp zugrunde.
4. Dem Vertrag liegt ausschließlich das HGB zugrunde.
5. Dem Vertrag liegt auch die CMR zugrunde.
6. Der Vertrag muss schriftlich fixiert werden.

Rechte und Pflichten des Spediteurs nach ADSp 8.02

Die Aufgabe besteht aus den Teilen 1 bis 3.

Teil 1 – Weisungen

Die Stolberger Metallfabrik AG bittet per Fax um die Eindeckung einer Transportversicherung, vergisst aber die Angabe des Warenwertes. Rückfragen bleiben ohne Ergebnis, da der zuständige Mitarbeiter der Stolberger Metallfabrik derzeit nicht erreichbar ist.

Welche der folgenden Aussagen trifft zu?

1. Die SPEDAIX GmbH kann vom Vertrag zurücktreten.
2. Die SPEDAIX GmbH wird die Abwicklung des Auftrages stoppen und warten, bis sich der Kunde mit der Wertdeklaration meldet.
3. Die SPEDAIX GmbH wird den Auftrag ohne Versicherungsschutz abwickeln.
4. Die SPEDAIX GmbH ist berechtigt, den Wert der Sendung zu schätzen.
5. Die SPEDAIX GmbH ersucht den Empfänger um Auskunft über die Höhe des Warenwertes.

Fortsetzung auf der nächsten Seite

Verträge, Haftung und Versicherungen

8.02 Rechte und Pflichten des Spediteurs nach ADSp

Fortsetzung

Teil 2 – Besondere Güterarten

Speditionsaufträge sind grundsätzlich formlos gültig. Bei welchen **2** der folgenden Güterarten bedarf es jedoch einer **schriftlichen** Information?

Güterarten

1. Bauholz
2. Industriebleche (Wert je kg 3,80 €)
3. Computer
4. Spirituosen
5. gebrauchte Europaletten
6. Kartonagen

Teil 3 – Pfand- und Zurückbehaltungsrecht

Die SPEDAIX GmbH hat aus vorherigen Verträgen mit der Stolberger Metallfabrik noch offene und unbestrittene Buchforderungen in Höhe von 20.000,00 Euro, die längst fällig, aber immer noch nicht beglichen sind. Da die Stolberger Metallfabrik sich in einer wirtschaftlichen Notlage befindet, denkt die SPEDAIX GmbH über eine Verwertung der übernommenen Industriebleche nach, um so ihre Forderungsansprüche zu sichern.

Welche **2** der folgenden Aussagen zum Pfand- und Zurückbehaltungsrecht des Spediteurs sind richtig?

Aussagen

1. Die SPEDAIX GmbH darf eine pfandrechtliche Verwertung der Industriebleche nicht vornehmen, da dieser Auftrag nicht mit den vorherigen Verträgen in Zusammenhang steht.
2. Die SPEDAIX GmbH besitzt lediglich ein gesetzliches Pfandrecht, wonach Forderung, Gut und Pfandrecht untrennbar verbunden sind.
3. Aufgrund der speziellen Regelungen der ADSp besitzt die SPEDAIX GmbH neben dem gesetzlichen ein erweitertes (inkonnexes) Pfandrecht an den Industrieblechen.
4. Die pfandrechtliche Verwertung der Industriebleche muss die SPEDAIX GmbH der Stolberger Metallfabrik binnen Monatsfrist mitteilen.
5. Für den Pfand- oder Selbsthilfeverkauf kann die SPEDAIX GmbH eine ortsübliche Verkaufsprovision vom Nettoerlös fordern.
6. Die pfandrechtliche Verwertung der Industriebleche muss der Stolberger Metallfabrik nicht angezeigt werden.

Verträge, Haftung und Versicherungen

Rechtsstellung des Spediteurs 8.03

Neben dem gelegentlichen Selbsteintritt ist die SPEDAIX GmbH auch als Versandspediteur und Lagerhalter tätig. In welchen **2** der folgenden Fälle, hat die SPEDAIX GmbH **nicht** die Rechte und Pflichten eines Frachtführers?

Fälle

1. Die SPEDAIX GmbH vereinbart mit der Stolberger Metallfabrik AG einen Festpreis für die Erbringung der vereinbarten Leistung.
2. Die SPEDAIX GmbH befördert eine Sendung, die ihr aus einem Besorgungsvertrag übergeben wurde, vom Übernahme- zum Bestimmungsort in Bayern.
3. Die SPEDAIX GmbH stellt als Versandspediteur mehrere Kleinsendungen zu einer Sammelladung zusammen.
4. Die SPEDAIX GmbH wird im Rahmen einer verfügten Lagerung als Lagerhalter tätig.
5. Die SPEDAIX GmbH erwirbt beim Autohaus Manfred NEUNER e. K. einen Gliederzug, der für Transporte im Selbsteintritt genutzt werden soll.
6. Die SPEDAIX GmbH rechnet Kundensätze nach vereinbarten Preistabellen ab.

Versicherung des Spediteurs 8.04

Die SPEDAIX GmbH genießt für ihre Verkehrsverträge Versicherungsschutz, den sie über einen Assekuranzmakler eingedeckt hat.

Über welche Versicherung muss die SPEDAIX GmbH verfügen, damit sie sich im Falle eingetretener Güter- und Vermögensschäden auf die ADSp berufen darf?

Versicherungsarten

1. Güterschadenshaftpflichtversicherung
2. Kraftfahrzeugversicherung
3. Transportversicherung
4. Haftungsversicherung
5. Unfallversicherung

Verträge, Haftung und Versicherungen

8.05 Betriebsbeschreibung

Basis für den Umfang des Haftungsversicherungsschutzes ist die Betriebsbeschreibung.

Welche der folgenden Aussagen trifft **nicht** zu?

Aussagen

1. Die Betriebsbeschreibung ist Bestandteil des Versicherungsvertrages.
2. Fehler beim Ausfüllen der Betriebsbeschreibung gehen zu Lasten des Spediteurs.
3. Mittels einer Vorsorgeversicherung können aber eventuelle Fehler bei der Betriebsbeschreibung ausgeglichen werden (sog. Versehensklausel).
4. Die Betriebsbeschreibung dient der Einstufung der Risikoverhältnisse in der Spedition.
5. Nimmt ein Spediteur ein neues Tätigkeitsfeld auf, das er binnen Monatsfrist seiner Versicherung nachmeldet, genießt er dafür zunächst Versicherungsschutz mit aufschiebender Wirkung (sog. Vorsorgeversicherung).

Verträge, Haftung und Versicherungen

Situation zu den Aufgaben 8.06 bis 8.07

Till BRUNNER, 29 Jahre, seit 5 Jahren Berufskraftfahrer bei der TRAP KG, will sich in seinem Heimatort Aachen selbstständig machen und eine Transportunternehmung gründen. Seine Ersparnisse von 9.500,00 Euro will er zur Finanzierung eines gebrauchten Gliederzuges (zulässiges Gesamtgewicht 40 t) verwenden, den er für 85.000,00 Euro von seinem Arbeitgeber übernehmen kann.

Berufszugangsvoraussetzungen 8.06

BRUNNER will sich über die Voraussetzungen informieren, die er erfüllen muss, um als Güterkraftverkehrsunternehmer tätig werden zu können. Welche **4** der folgenden Aussagen treffen zu?

Aussagen

1. In Deutschland besteht Gewerbefreiheit, d. h., BRUNNER benötigt lediglich einen Gewerbeschein, um sein Unternehmen zu gründen.
2. Im GüKG sind die Berufszugangsbedingungen aufgeführt, die BRUNNER erfüllen muss.
3. BRUNNER benötigt eine Erlaubnis für den gewerblichen Güterkraftverkehr, die er bei der zuständigen Verkehrsbehörde beantragen muss.
4. BRUNNER erfüllt durch seine 5-jährige Tätigkeit als Berufskraftfahrer die Anforderungen an seine fachliche Eignung.
5. Der Eigenkapitalnachweis über 9.500,00 Euro reicht aus, um die finanzielle Leistungsfähigkeit seines Unternehmens nachzuweisen.
6. Obwohl BRUNNER einige Male im eingeschränkten Halteverbot geparkt hat, darf ihm deswegen nicht schon die persönliche Zuverlässigkeit abgesprochen werden.
7. BRUNNER darf seinen Firmensitz auch in einem benachbarten EU-Land (z. B. in den Niederlande) wählen, wenn er dadurch seine Standortwahl optimiert.
8. BRUNNER ist verpflichtet, sich wegen eventueller Güter- und Verspätungsschäden versichern zu lassen.

Verträge, Haftung und Versicherungen

8.07 Zulassungsurkunden

Die Aufgabe besteht aus den Teilen 1 und 2.

Teil 1 – Kabotage-Recht

Nachdem BRUNNER alle Hürden des Erlaubnisverfahrens genommen hat, und seit mehreren Jahren erfolgreich seine Geschäfte führen konnte, erhält er einen Transportauftrag über 80 Stahlschränke, die er von Amsterdam nach Rotterdam befördern soll.

Welche der folgenden Zulassungsurkunden wird der Fahrer sinnvoller Weise mitführen?

1. Betriebserlaubnis für den gewerblichen Güterkraftverkehr
2. EU-Lizenz
3. CEMT-Genehmigung
4. bilaterale Transportgenehmigung
5. Drittstaatengenehmigung

Teil 2 – Sondergenehmigung

Die SPEDAIX GmbH erhält folgende Transportaufträge:

Auftrag Nr.	Absender	Empfänger
1	Hartmann & Söhne OHG D-52080 Aachen	Picher + Trauber ZT-GmbH A-7000 Eisenstadt
2	Transfer Int. S.A. F-59000 Lille	Ganza-Fleks UA-01044 Київ (Kiew)
3	FEZ „Brest" BY-224005 Брэс (Brest)	Rotoklon BY-22000 Мінск (Minsk)
4	Mineralöl GmbH D-78465 Konstanz	Brady S.R.L. I-22100 Como
5	AN InBev S.A B-3000 Leuven (Löwen)	BCM Dudley, WM, DY1 (GB)
6	CODERE GANDIA SA E-46000 Valencia	IMTC Atlas MA-90000 Tanger

Momentan verfügt die SPEDAIX GmbH über mehrere Transportgenehmigungen (vgl. Unternehmensbeschreibung). Für welchen Transport (Auftrags-Nr.) benötigt die SPEDAIX GmbH eine zusätzliche „Sondergenehmigung"?

Verträge, Haftung und Versicherungen

Haftung und Transportversicherung 8.08

Die SPEDAIX GmbH soll für ihren Kunden 5 Industrieroboter, Gewicht und Wert je 800 kg und 35.000,00 Euro, von Berlin nach Porto (P) befördern. Der Versender muss bei verspäteter Anlieferung beim Empfänger 250.000,00 Euro Konventionalstrafe zahlen. Alternativ zur Beförderung im Güterkraftverkehr (Fracht 2.280,00 Euro) empfiehlt der Spediteur die Luftfrachtbeförderung.

Welche **2** der folgenden Aussagen zur Haftung und zum Versicherungsschutz sind **falsch**?

Hinweis: 1 SZR = 1,20688 €

Aussagen

1. Werden die Roboter mit dem LKW befördert, sind eventuelle Güter- und Verspätungsschäden durch die gesetzliche Haftung voll abgedeckt.
2. Im Falle der Luftbeförderung beträgt die Differenz zwischen dem Wert der Roboter und der Haftungshöchstsumme nach dem Montrealer Übereinkommen 83.277,12 Euro.
3. Wird im CMR-Frachtbrief ein „Interesse an der Lieferung" in Höhe von 250.000,00 Euro deklariert, will sich der Absender im Falle einer Beförderung mittels LKW vorwiegend gegen Vermögensschäden absichern.
4. Werden die Roboter mit dem LKW befördert, sind Güterschäden durch die gesetzliche Haftung nur bis maximal 40.213,24 Euro gedeckt.
5. Deklariert der Absender im Falle der LKW-Beförderung weder ein Interesse an der Lieferung noch einen Lieferwert, beträgt die gesetzliche Haftung für Verspätungsschäden 6.840,00 Euro.
6. Für Verspätungsschäden im Falle der Luftbeförderung kommt der Carrier nur auf, wenn er diese verschuldet hat. Er haftet dann mit maximal 19 SZR je kg der verspätet angelieferten Sendung.

Verträge, Haftung und Versicherungen

8.09 Spediteurhaftung nach ADSp

Die SPEDAIX GmbH erhält am 12. Mai d. J. von der MASCHINENBAU AG aus Stolberg folgenden Speditionsauftrag:

Auftragsdaten:

Abhol- und Beladestelle:	52224 Stolberg, Mühlenweg 117
Entladestelle:	KALTBRUNN OHG 73433 Aalen, An der Wette 344-348 Tor 3
Sendungsinhalt:	Elektronische Ersatzteile
Sendungsgewicht (brutto)	1 950 kg auf 4 Industriepaletten
Wert der Sendung:	22.800,00 Euro
Termin für die Zustellung:	13.05. bis spätestens 14:00 Uhr
Entgelt gemäß gültiger Preisvereinbarung vom 10.04. d. J.	344,50 Euro

Nach Auftragsannahme werden die 4 Industriepaletten auf dem Umschlaglager der SPEDAIX GmbH von einer Aushilfskraft versehentlich auf die Relation Ahlen (Westfalen) verladen, sodass die Sendung erst mit erheblicher Verspätung in Aalen (Württemberg) ankommt. Dadurch ist die MASCHINENBAU AG gezwungen, der KALTBRUNN OHG wegen des Produktionsausfalls eine Konventionalstrafe in Höhe von 30.000,00 Euro zu zahlen.

In welcher Höhe hat die SPEDAIX GmbH in diesem Fall auf der Grundlage der ADSp Schadenersatz zu leisten?

1. In Höhe von 1.033,50 Euro
2. In Höhe von 30.000,00 Euro
3. In Höhe von 22.800,00 Euro
4. In Höhe von 29.250,00 Euro
5. In Höhe von 344,50 Euro

Gefahrgut, Schutz und Sicherheit

Gefahrgutvorschriften 9.01

Für die einzelnen Verkehrsträger existieren nationale und internationale gefahrgutrechtliche Vorschriften. Welches der folgenden „Vorschrifts-Paare" für nationale/internationale Gefahrgutvorschriften ist einander **falsch** zugeordnet?

Nationale/internationale Gefahrgutvorschriften

1. GGVSE/ADR
2. GGVSee/IMDG-Code
3. GGV-Binnenschiff/ADNR
4. GGVSE/RID
5. GGVSE/ADNR

Gefahrgutdokumente 9.02

Bei der Durchführung eines Gefahrguttransportes von Solingen nach Reims mittels LKW sind bestimmte Dokumente und Papiere mitzuführen. Welche **3** der folgenden 7 Dokumente/Papiere sind **speziell für Gefahrguttransporte** bereitzuhalten?

Dokumente/Papiere

1. Sozialversicherungsausweis
2. CMR-Frachtbrief
3. ADR-Bescheinigung
4. EU-Lizenz
5. Schriftliche Weisung
6. Versicherungsnachweis nach § 7 a GüKG
7. Fahrerkarte

Gefahrgutklassen und Gefahrenzettel 9.03

Die SPEDAIX GmbH soll Güter der **Gefahrgutklasse 1** vom Hersteller zum Händler befördern.

a) Um welche der folgenden Güter kann es sich dabei handeln?

Güterarten

1. leichtes Heizöl
2. Bauholz
3. Kunststoffkleber
4. Feuerwerkskörper
5. Röntgengeräte

Fortsetzung auf der nächsten Seite

Gefahrgut, Schutz und Sicherheit

9.03 Gefahrgutklassen und Gefahrenzettel

Fortsetzung

b) Mit welchem der folgenden Muster sind Güter der **Gefahrgutklasse 1** zu bezetteln?

9.04 Gefahrgutkennzeichnung

Ein Fahrzeug ist an der Vorder- und Rückseite mit zwei orangefarbenen Tafeln gekennzeichnet:

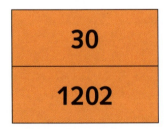

(Im Original: 40 cm x 30 cm)

Welche Angaben können dieser Tafel entnommen werden?

1. Oberer Teil: Kennzeichnung des Stoffes (UN-Nummer)
   Unterer Teil: Kennzeichnung der Gefahren (Gefahrgutklasse)
2. Oberer Teil: Kennzeichnung der Gefahren (Gefahrgutklasse)
   Unterer Teil: Kennzeichnung des Stoffes (UN-Nummer)
3. Oberer Teil: Kennzeichnung der Verpackungsgruppe
   Unterer Teil: Kennzeichnung des Stoffes (UN-Nummer)
4. Oberer Teil: Kennzeichnung der Gefahren (Gefahrgutklasse)
   Unterer Teil: Kennzeichnung der Verpackungsgruppe
5. Oberer Teil: Kennzeichnung des Stoffes (UN-Nummer)
   Unterer Teil: Kennzeichnung der Verpackungsgruppe

Gefahrgut, Schutz und Sicherheit

Vorschriften für die Fahrzeugbesatzung 9.05

Welches der folgenden Beispiele steht für eine Handlung, die im Zusammenhang mit kennzeichnungspflichtigen Gefahrguttransporten **nicht** verboten ist?

Handlungssituationen

1. Der Fahrer nimmt zu Beginn der Beförderung am Werkstor einen Bekannten als Fahrgast auf, der ihn ein Stück des Fahrweges begleitet.
2. Aufgrund eines nicht zu lokalisierenden Geräuschs öffnet der Fahrer ein Versandstück, um dem vermuteten Geräusch auf die Spur zu kommen.
3. Während eines Verkehrsstaus steht das Fahrzeug für 15 Minuten mit laufendem Motor ohne dass der Fahrer die Feststellbremse betätigt.
4. Während der Fahrt an einer Baustelle auf der Autobahn fährt der Fahrer extrem langsam.
5. Während der Nachtstunden betritt der Fahrer den Anhänger mit einer Stablampe, deren Oberfläche mit Metall verkleidet ist.

RECHNUNGSWESEN

10 Zahlungsverkehr

11 Buchführung

Basistext und Gitterrätsel

Lesen Sie zunächst den folgenden Basistext:

Am Ende des Geschäftsjahres werden das Vermögen und die Schulden einer Unternehmung körperlich und buchmäßig erfasst. Zählen, Messen, Wiegen, Schätzen und Bewerten sind klassische Tätigkeiten einer Inventur. Das Ergebnis der Inventur ist das Inventar, ein Bestandsverzeichnis mit dessen Hilfe das Reinvermögen ermittelt wird:

    Summe des Vermögens
− Summe der Schulden
= Reinvermögen

Aus den Werten des Inventars wird eine Bilanz erstellt. Auf der linken Seite (Aktiva) werden das Anlagevermögen (z. B. Fuhrpark) und das Umlaufvermögen (z. B. Kasse) dem Eigen- und Fremdkapital auf der rechten Seite (Passiva) gegenübergestellt.

Da die Werte in der Bilanz sich ständig verändern, löst man die Bilanz in einzelne Bestandskonten auf. Die linke Seite im Konto heißt Soll, die rechte Seite Haben. Durch Buchen auf den Konten werden die Wertveränderungen erfasst. Hierbei gilt „Keine Buchung ohne Beleg!" Wertveränderungen sind z. B. die Zahlung einer Ausgangsrechnung mit Umsatzsteuer oder das Bezahlen von Eingangsrechnungen mit Vorsteuer.

Grund für Wertveränderungen im Vermögen und der Schulden können reine Bestandsveränderungen oder erfolgswirksame Vorgänge sein. Letztere werden auf den Erfolgskonten (Aufwands- und Ertragskonten) erfasst. Ist die Summe der Aufwendungen (z. B. Kosten) kleiner als die der Erträge (z. B. Umsatzerlöse), liegt ein Gewinn vor; umgekehrt entsteht ein Verlust als Saldo auf dem Gewinn- und Verlustkonto. Der Saldo des Gewinn- und Verlustkontos wird bei Einzelunternehmen und Personengesellschaften im Eigenkapitalkonto gegengebucht. Der Abschluss der Bestandskonten erfolgt über das SBK (Schlussbilanzkonto).

Basistext und Gitterrätsel

Umschreibungen

Tragen Sie zu folgenden Umschreibungen die passenden Fachbegriffe in die Kästchen des Gitterrätsels auf der rechten Seite ein (**Umlaute ä, ö, ü sind wie ae, oe, ue zu schreiben**).

Bei richtiger Eintragung aller Begriffe ergibt sich in der durch einen Pfeil markierten Senkrechten ein Lösungswort. **Grau gekennzeichnete** Buchstabenkästchen stehen für Buchstabengleichheit, d. h., der dort einzutragende Buchstabe **wiederholt** sich in allen anderen grau markierten Kästchen.

Alle gesuchten Begriffe sind **wortwörtlich im Basistext** enthalten!

01. Vorgang der Werterfassung auf Konten (Einzahl)
02. Summe der Aktiva
03. Kontenseite
04. Gegenüberstellung von Vermögen und Kapital
05. Ergebnis der Inventur
06. Begleichung einer Rechnung (Vorgang)
07. Seite der Bilanz
08. (andere) Seite der Bilanz
09. Forderung an das Finanzamt aus Eingangsrechnungen
10. Bestandsaufnahme aller Vermögens- und Schuldenwerte
11. (andere) Kontenseite
12. Taxieren, Erfassen in Euro
13. Begleichen einer Schuld (Tätigkeit)
14. Schulden in der Bilanz
15. Beträge, die man anderen noch zahlen muss
16. Endbestand in einem Konto (Differenz, Rest)
17. negatives Erfolgsergebnis
18. Flüssige Mittel
19. Abschlusskonto (Abkürzung)
20. Rechnung in T-Form

Basistext und Gitterrätsel

Fachbegriffe im Gitterrätsel:

Rechnungswesen – Quick-Quiz

Nur eine der jeweils vier Antworten ist bei folgenden Aufgaben richtig. Übertragen Sie jeweils das vorangestellte **fettgedruckte Buchstabenpaar** der richtigen Antwort in das dazugehörige Lösungskästchen! Die richtigen Buchstabenpaare ergeben in der Reihenfolge von 01 bis 11 ein Lösungswort.

01. Welcher Beleg findet bei halbbarer Zahlung Verwendung?
    - **UM** – Verrechnungsscheck
    - **GE** – Überweisung
    - **AB** – Zahlschein
    - **TA** – Quittung

02. Welche Verzugsart stellt der Zahlungsverzug dar?
    - **LA** – Gläubigerverzug
    - **SE** – Schuldnerverzug
    - **GE** – Annahmeverzug
    - **BE** – Verkäuferverzug

03. Welchen Kreditzeitraum hat eine Verbindlichkeit, die binnen 1 Woche abzüglich Skonto oder binnen 30 Tagen netto Kasse zahlbar ist?
    - **UF** – 7 Tage
    - **TZ** – 23 Tage
    - **ND** – 30 Tage
    - **LL** – 37 Tage

04. Welche Angabe enthält eine Eingangsrechnung normalerweise nicht?
    - **VE** – USt-IdNr. des Gläubigers
    - **EN** – Anschrift des Schuldners
    - **AR** – Bankverbindung des Gläubigers
    - **UN** – USt-IdNr. des Schuldners

05. Was ist eine Inventur?
    - **ST** – Liste aller Vermögens- und Schuldenwerte
    - **RM** – Differenz zwischen Vermögen und Schulden
    - **GF** – Bestandsaufnahme aller Vermögens- und Schuldenwerte
    - **ME** – Gegenüberstellung von Vermögen und Kapital

06. Was stellt die linke Seite der Bilanz u. a. dar?
    - **TE** – Passiva
    - **EF** – Seite der Finanzierung
    - **UN** – Seite der Mittelherkunft
    - **UE** – Seite der Investierung

Rechnungswesen – Quick-Quiz

07. Auf welcher Seite steht der Saldo eines Aufwandskontos?

    RA – Habenseite
    GA – Sollseite
    VU – Aktivseite
    WE – Passivseite

08. Welcher Bilanzveränderung entspricht die Bareinzahlung auf das überzogene Bankkonto?

    DU – Aktiv-Passiv-Mehrung
    FG – Aktiv-Tausch
    BN – Aktiv-Passiv-Minderung
    ER – Passiv-Tausch

09. Welche Art der Abschreibung liegt vor, wenn die Abschreibungshöhe vom jeweiligen Restwert berechnet wird?

    UT – degressive Abscheibung
    AF – lineare Abschreibung
    UG – digitale Abschreibung
    EE – kalkulatorische Abschreibung

10. In welchem Fall liegt ein Vorsteuerüberhang vor?

    BO – Vorsteuer = Umsatzsteuer
    ZA – Vorsteuer $\geq$ Umsatzsteuer
    UF – Umsatzsteuer > Vorsteuer
    ZU – Vorsteuer > Umsatzsteuer

11. Welche der folgenden Bilanzgleichungen ist richtig?

    EB – Eigenkapital – Fremdkapital = Aktiva – Passiva
    NG – Eigenkapital = Aktiva – Fremdkapital
    AP – Umlaufvermögen = Anlagevermögen + Fremdkapital – Eigenkapital
    ST – Fremdkapital + Eigenkapital = Anlagevermögen – Umlaufvermögen

---

HINWEIS: Das Lösungswort besteht aus **drei Wörtern**!

LÖSUNGSWORT (Tragen Sie die Buchstabenpaare ein):

01	02	03	04	05	06	07	08	09	10	11

Zahlungsverkehr

Zahlungsformen und Fakturierung 10.01

Die Aufgabe besteht aus den Teilen 1 und 2.

Teil 1 – Zahlungsformen

Zwei Auszubildende der SPEDAIX GmbH diskutieren über gebräuchliche Zahlungsarten und deren Vorteile für den Zahlungsempfänger.

Ordnen Sie zu, indem Sie die Kennziffern von **4** der insgesamt 7 Zahlungsarten in die Kästchen neben den Vorteilen für den Zahlungsempfänger eintragen. Übertragen Sie anschließend die Kennziffern in dieser Reihenfolge von links nach rechts in den Lösungsbogen.

Zahlungsarten

1. Abbuchungsverfahren
2. Einzugsermächtigung
3. Dauerauftrag
4. Überweisung per Homebanking
5. Chipkarte (Geldkarte)
6. electronic-cash-Karte (mit PIN)
7. Lastschrift-offline

Vorteile für den Zahlungsempfänger

a) Die relativ teure Leitungsverbindung zu den Bankrechnern entfällt; die Zahlungsart ist so sicher wie die Barzahlung.

b) Der Zahlungsempfänger erhält regelmäßige Zahlungseingänge, die vom Zahlungspflichtigen veranlasst wurden.

c) Der Zahlungspflichtige kann der vom Zahlungsempfänger veranlassten Konto-Belastung nicht widersprechen.

d) Der Zahlungsempfänger hat die Erlaubnis, vom Konto des Zahlungspflichtigen den Zahlbetrag über Lastschrift einzuziehen.

Teil 2 – Fakturierung

Die SPEDAIX GmbH rechnet mit verschiedenen Kunden logistische Dienstleistungen in deren Landeswährung ab. Bei welchen **2** der folgenden 6 Kunden ist eine Fakturierung in Euro unüblich?

1. Buglear Bate & Co., 29 Guildford Rd., Woking, Surrey, GU21
2. IN Sistemas, Dunajska cesta 99, SL-1000 Ljubljana
3. Peder Larsen, Karl Johansgate 41, 0025 Oslo
4. Sabris, s.r.o., Karadzicova 8/A, Bratislava 821 08
5. IBERDROLA, Cardenal Gardoqui, 8., 48008 Bilbao
6. Moda ITC, 31, South Street, VLT 1131, Malta

Zahlungsverkehr

10.02 Zahlungsverzug

Befindet sich der Käufer in **Zahlungsverzug**, hat der Verkäufer verschiedene Möglichkeiten, den Kaufpreis einzufordern:

Möglichkeiten

1. Kaufmännisches Mahnverfahren
2. Gerichtliches Mahnverfahren
3. Klageverfahren
4. Zwangsvollstreckung

Welche dieser Möglichkeiten leitet der Verkäufer in folgenden Fällen ein?

Ordnen Sie zu, indem Sie die Kennziffern der **4** Möglichkeiten den Kaufpreis bei Zahlungsverzug einzufordern in die Kästchen neben den 4 Fällen eintragen. Übertragen Sie anschließend Ihre senkrecht angeordneten Lösungsziffern in dieser Reihenfolge von links nach rechts in den Lösungsbogen.

Fälle

a) Das in einem Kaufvertrag vereinbarte Zahlungsziel betrug 60 Tage. Nach Ablauf dieser Frist stellt der Verkäufer fest, dass die Rechnung immer noch offen ist.

b) Die längst fällige Rechnung wurde von einem Käufer nicht beglichen. Der Verkäufer hat bis dato alle möglichen Schritte unternommen, die aber erfolglos blieben. Jetzt liegt ein entsprechender Titel vor.

c) Einem Käufer, der in Zahlungsverzug geraten ist, wurden mehrere Briefe zur Zahlungsaufforderung geschickt. Eine Reaktion blieb jedes Mal aus.

d) Dem Käufer wurde ein gerichtlicher Mahnbescheid zugestellt. Daraufhin legt er beim zuständigen Gericht Widerspruch ein.

10.03 Rechnungsprüfung

Aufgrund eines LKW-Neukaufs erhält die SPEDAIX GmbH folgende Rechnung (siehe Anlage nebenstehende Seite):

Prüfen Sie sorgfältig die rechnerische Richtigkeit. Zu welchem Ergebnis kommen Sie dabei?

Ergebnis der Prüfung

1. Die Rechnung ist in allen Positionen rechnerisch korrekt.
2. Die Positionen 2, 7 und 8 sind rechnerisch falsch.
3. Die Positionen 7 und 8 sind rechnerisch falsch.
4. Die Position 8 ist rechnerisch richtig, obwohl Position 7 falsch ist.
5. Die Position 8 ist rechnerisch falsch.

Fortsetzung auf der nächsten Seite

Zahlungsverkehr

Rechnungsprüfung 10.03

Fortsetzung

Anlage

Autohaus TAMBOUR GmbH & Co. KG – LKW An- und Verkauf
Donnerberg 55 a - 52223 Stolberg

SPEDAIX GmbH
Debyestraße 200
52078 Aachen

Fon: 02402-1717172
Fax: 02402-1717173
Net: www.TAMBOUR.eu
E-mail: Tambour@Tambour.de

Date: 2010-04-15

Rechnung-Nr. W-443/549

Position(*)	Text	Euro
1	LKW, Modell W-443 lt. Werksbeschreibung (Liste W9)	143.400,00
2	12 ½ % Sonderrabatt lt. Vereinbarung vom 08.03. d. J.	17.925,00
3	Spezialaufbau gemäß Ihren Vorgaben	14.990,00
4	Überführung gemäß Vereinbarung	880,00
5	Zulassung gemäß Vereinbarung	120,00
6	Gewünschte Tankfüllung, 150 l à 1,39 Euro	208,50
7	19 % Mehrwertsteuer	33.729,47
8	Rechnungsbetrag	168.591,47

(*) Positionen 1 – 6 sind Nettobeträge

Die Rechnung ist zahlbar am 15.05.2010 netto Kasse oder binnen 1 Woche nach Rechnungserhalt abzüglich 2 % Skonto vom Nettolistenpreis (Pos. Nr. 1).

Autohaus
Tambour GmbH & Co. KG
Geschäftsführer:
Georg Klunie

HRA 65554 Amtsgericht Aachen
USt-IdNr. DE 844569840
Steuer-Nr. 443/4608/7942

Bankverbindung:
Sparkasse Aachen
BLZ 39050000
Konto: 65549797

Buchführung

11.01 Bilanzveränderungen

Die Gesellschafter der SPEDAIX GmbH bereiten die letzte Bilanz auf. Bestimmte Geschäftsvorgänge haben die Werte in der Bilanz verändert bzw. umgeschichtet. Folgende Bilanzveränderungen liegen zugrunde:

1. Aktivtausch
2. Passivtausch
3. Aktiv-Passiv-Mehrung
4. Aktiv-Passiv-Minderung

Hinweis

Bei den Geschäftvorgängen a) und f) bleibt die Mehrwertsteuer unberücksichtigt!

Welche dieser Bilanzveränderungen treffen auf folgende Geschäftsvorgänge zu?

Ordnen Sie die Kennziffern der zutreffenden Bilanzveränderung den Geschäftsvorgängen a) bis f) zu. Übertragen Sie anschließend Ihre senkrecht angeordneten Lösungsziffern in dieser Reihenfolge von links nach rechts in den Lösungsbogen!

Geschäftsvorgänge

a) Zielkauf eines LKW.

b) Bereits gebuchte Eingangsrechnungen werden durch Überweisung vom überzogenen Bankkonto beglichen.

c) Bareinzahlung auf das überzogene Bankkonto.

d) Bereits gebuchte Ausgangsrechnungen werden durch Überweisung auf das Postbankguthaben beglichen.

e) Ein Geschäftspartner, dem die OHG ein Darlehen schuldet, wird Mit-Gesellschafter.

f) Ein Gebrauchtfahrzeug wird gegen Quittung zum Buchwert verkauft.

Buchführung

Veränderungen des Eigenkapitals 11.02

Max und Cleo, angehende Kaufleute für Spedition und Logistikdienstleistung, diskutieren im Unterricht die Auswirkungen bestimmter Geschäftsfälle auf das betriebliche Eigenkapital eines Einzelunternehmers. Folgende Konsequenzen stehen zur Debatte:

1. Das Eigenkapital steigt.
2. Das Eigenkapital sinkt.
3. Das Eigenkapital bleibt unberührt.

Welche der folgenden Geschäftsfälle verändern das Eigenkapital?

Ordnen Sie die zutreffenden Kennziffern den jeweiligen Geschäftsvorgängen a) bis f) zu. Übertragen Sie die in der Senkrechten zugeordneten Ziffern von links nach rechts in den Lösungsbogen!

Geschäftsvorgänge

a) Gehälter werden durch Banküberweisung an die Mitarbeiter gezahlt.

b) Privatentnahme des Inhabers gegen Quittung.

c) Tilgungsrate für Hypothekendarlehen wird durch Bankguthaben beglichen.

d) Eingangsrechnung für gekaufte Büromöbel.

e) Ausgangsrechnungen werden an Auftraggeber versandt.

f) Begleichung der bereits gebuchten Eingangsrechnung eines Subunternehmers durch Bankguthaben.

Buchführung

11.03 Mehrwertsteuer

Vorbemerkung
Der Begriff Mehrwertsteuer ist Oberbegriff für die Steuerkonten „**Vorsteuer**" und „**Umsatzsteuer**", die mit diesen Bezeichnungen auch im Kontenrahmen der Spedition, herausgegeben vom Deutschen Speditions- und Logistikverband (DSLV), Verwendung finden.

Die Aufgabe besteht aus den Teilen 1 und 2.

Teil 1 – Vorsteuer und Umsatzsteuer

Im Monat Dezember ergibt sich für die SPEDAIX GmbH folgende Datenlage:

Summe der Ausgangsrechnungen 304.640,00 EURO
Summe der Eingangsrechnungen 184.450,00 EURO

In den Rechnungspreisen enthalten sind jeweils 19 % Mehrwertsteuer.

Ausschnitt aus dem Kontenplan der SPEDAIX GmbH:

1. Bankguthaben (Konto 102)
2. Forderungen a. LL (Konto 1400)
3. Vorsteuer (Konto 1457)
4. Verbindlichkeiten a. LL (Konto 1600)
5. Umsatzsteuer (Konto 1669)
6. Gewinn- und Verlustkonto (Konto 9400)
7. Schlussbilanzkonto (Konto 9900)

Als Buchhalter/-in der SPEDAIX GmbH erhalten Sie folgende Arbeitsaufträge:

a) Ermitteln Sie die im Monat Dezember in den Rechnungen enthaltene Umsatzsteuer.

b) Ermitteln Sie die im Monat Dezember in den Rechnungen enthaltene Vorsteuer.

c) Buchen Sie die Verrechnung der Vorsteuer mit der Umsatzsteuer.

d) Buchen Sie den Abschluss des Kontos Umsatzsteuer am 31.12.

Fortsetzung auf der nächsten Seite

Buchführung

Mehrwertsteuer 11.03

Fortsetzung

Teil 2 – Mehrwertsteuerkorrekturen

Die Steuerkonten der GLOBIX Transporte AG, Stolberg, weisen am Ende eines Monats folgende Umsätze auf (Werte in EURO):

Soll	Vorsteuer 1457	Haben	Soll	Umsatzsteuer 1669	Haben
...	9.460,00	... 96,60	...	448,00	... 83.330,00

Prüfen Sie folgende 6 Aussagen zu den Steuerkonten. Welche **2** Aussagen sind richtig?

Aussagen

1. Die auf dem Konto 1457 Vorsteuer gebuchten 96,60 EURO sind eine Korrektur der im Soll gebuchten 9.460,00 EURO.
2. Der Nettobetrag (Saldo) der Umsatzsteuer beträgt vor Verrechnung der Steuerkonten derzeit 83.330,00 EURO.
3. Auf dem Konto 1457 Vorsteuer ergibt sich ein Vorsteuerüberhang von 9.363,40 EURO.
4. Die Umsatzsteuerzahllast zum Quartalsende beläuft sich auf 73.518,60 EURO.
5. Nach Verrechnung der Steuerkonten ergibt sich ein Vorsteuerüberhang von 73.518,60 EURO.
6. Das Konto Umsatzsteuer ist über das Konto Vorsteuer abzuschließen.

Buchführung

Situation und Anlage zu den Aufgaben 11.04 bis 11.07

Die LOGSPEDIA GmbH erhält folgende Rechnung:

Nutzfahrzeuge VEITHEIM & Söhne OHG
Neuenhofstraße 566 – 52080 Aachen

LOGSPEDIA GmbH
Am Dreieck 8
50127 Quadrath-Ichendorf

Tel. 0241 766897-0
Fax: 0241 766897-34
E-Mail: nufav@veitheim.de
www.nufa-veitheim.de

Aachen, 07.05.2010

Rechnung 6644-997 (Lieferung vom 04.05.2010)

Position	Text	Euro	Euro
1	Volvo FH 16-610/Euro 3/SZM lt. Liste	126.700,00	
2	10 % Preisnachlass	- 12.670,00	114.030,00
3	Sonderlackierung und Speditionslogo	8.650,00	
4	Überführung	1.750,00	
5	Zulassung	250,00	
6	Gewünschte Tankfüllung	175,00	10.825,00
7	19 % Mehrwertsteuer		23.722,45
8	Rechnungsbetrag		148.577,45

Die Rechnung ist zahlbar binnen 7 Tagen unter Abzug von 2 % Skonto oder binnen 30 Tagen netto Kasse.

Sparkasse Aachen
BLZ 390 500 00
Konto 6367554-6

Geschäftsführende
Gesellschafterin:
Laura Veitheim

HRA 4453 Amtsgericht Aachen
USt-IdNr.: DE 977 778 548
Steuer-Nr. 224/3978/8782
Erfüllungsort und
Gerichtsstand: Aachen

Bei allen Buchungen verfährt die LOGSPEDIA GmbH nach dem Nettoverfahren (getrennter Ausweis der Mehrwertsteuer).

Buchführung

Erfassen einer Eingangsrechnung   11.04

Die in der **Anlage** abgebildete **Eingangsrechnung** ist in der LOGSPEDIA GmbH zu buchen. Wählen Sie aus folgenden Konten aus und bilden Sie den Buchungssatz, indem Sie die Kennziffern der richtigen Konten, getrennt nach Soll und Haben, zunächst in das T-Konto eintragen und anschließend in den Lösungsbogen übertragen!

Kontenauswahl

1. Forderungen a. LL
2. Verbindlichkeiten a. LL
3. Umsatzsteuer
4. Vorsteuer
5. Kraftstoffvorräte
6. Kraftstoffverbrauch
7. Kasse
8. Bank
9. Fahrzeuge

Soll	Haben

Berechnung der Anschaffungskosten   11.05

Welcher Betrag ist auf dem Bestandskonto „Fahrzeuge" lt. Eingangsrechnung zu aktivieren?

Begleichung einer Eingangsrechnung   11.06

Die Rechnung Nr. 6644-997 soll am **14.05.2010** per Banküberweisung beglichen werden. Wählen Sie aus den in der **Aufgabe 11.04** aufgeführten **Konten 1 – 9** die richtigen Konten aus. Bilden Sie den Buchungssatz, indem Sie die Kennziffern der richtigen Konten, getrennt nach Soll und Haben, zunächst in das T-Konto eintragen und anschließend in den Lösungsbogen übertragen!

Soll	Haben

Buchführung

11.07 Ermittlung der Abschreibungshöhe

Der Gesetzgeber erlaubt bei beweglichen Wirtschaftsgütern, die in 2010 angeschafft werden, eine degressive Abschreibung in zweieinhalbfacher Höhe des linearen Abschreibungssatzes, maximal jedoch 25 %.

Wie hoch darf die **degressive Abschreibung** am Ende des **Anschaffungsjahres** angesetzt werden, wenn das Fahrzeug aus 11.04 lt. AfA-Tabelle eine Nutzungsdauer von 8 Jahren hat und steuerliche Vorteile voll ausgenutzt werden sollen?

Abschreibung am Ende des 1. Nutzungsjahres:

1. 31.170,00 Euro
2. 38.962,50 Euro
3. 24.762,91 Euro
4. 20.780,00 Euro
5. 19.005,00 Euro

11.08 Vermögen, Schulden und Reinvermögen im Inventar

Bei der Inventur der Kraftwagenspedition Carl FIERECK e. K., Regensburg, werden folgende Werte festgestellt:

- Forderungen aus Lieferungen und Leistungen 1.805.000,00 Euro
- Bankguthaben 220.000,00 Euro
- Bankschulden 150.000,00 Euro
- Betriebs- und Geschäftsausstattung 175.000,00 Euro
- Darlehensschulden 350.000,00 Euro
- Darlehensforderungen 80.000,00 Euro
- Kasse 25.000,00 Euro
- Fuhrpark 2.815.000,00 Euro
- Verbindlichkeiten aus Lieferungen und Leistungen 650.000,00 Euro
- Bebaute Grundstücke 3.220.000,00 Euro
- Hypothekenschulden 1.500.000,00 Euro
- Kraftstoff- und Reifenvorräte 70.000,00 Euro

a) Wie hoch ist das Reinvermögen der Kraftwagenspedition?

b) Über wie viel Umlaufvermögen verfügt die Kraftwagenspedition?

c) Zu wie viel Prozent ist das Anlagevermögen durch das Reinvermögen gedeckt?
   (Ergebnis auf 2 Nachkommastellen runden!)

Vermögen, Eigen- und Fremdkapital in der Bilanz 11.09

Prüfen Sie, welche **4** der folgenden 8 Aussagen zur Bilanz richtig sind.

Aussagen zur Bilanz

1. Die linke Seite der Bilanz heißt Soll, die rechte Seite Haben.
2. Die linke Seite der Bilanz ist nach der Liquidität, die rechte Seite nach der Fristigkeit geordnet.
3. Die linke Seite der Bilanz zeigt die Finanzierung, die rechte Seite die Investierung.
4. Das Anlagevermögen in der Bilanz ist die Differenz aus dem Gesamtkapital und dem Umlaufvermögen.
5. EDV-Anlagen mit einer Nutzungsdauer von 3 Jahren findet man in der Bilanz im Umlaufvermögen.
6. In der Bilanz einer Kapitalgesellschaft gehört das „gezeichnete Kapital" zum Eigenkapital.
7. Das „gezeichnete Kapital" einer Aktiengesellschaft ist das sog. Grundkapital.
8. Als „Stammkapital" wird das Fremdkapital einer Gesellschaft mit beschränkter Haftung bezeichnet.

Eigenkapital, Gewinn- und Verlust-Rechnung 11.10

Die Kraftwagenspediteur Egidius SCHWENDTNER e. K., Nürnberg, verfügt in seiner Geschäftsbuchführung am 31.12. über folgende Daten:

Lfd. Nr.	Positionen aus dem Schlussbilanzkonto, dem Hauptbuch und der Gewinn- und Verlustrechnung	Betrag in Tsd. Euro
1	Anlagevermögen	4.600
2	Umlaufvermögen	2.800
3	Fremdkapital	3.100
4	Speditionserlöse	2.100
5	Speditionsaufwendungen	650
6	Betriebskosten	1.200
7	Betriebsfremde Aufwendungen	50
8	Betriebsfremde Erträge	100
9	Privatentnahmen	40

Fortsetzung auf der nächsten Seite

Buchführung

11.10 Eigenkapital, Gewinn- und Verlust-Rechnung

Fortsetzung

Sie sind Mitarbeiter/-in in der Buchhaltung der Kraftwagenspedition und sollen Ihrem Chef folgende Fragen beantworten:

a) Wie viel Euro beträgt das neue Eigenkapital am Jahresende?

   1. 7.400 Tsd. Euro
   2. 4.300 Tsd. Euro
   3. 4.500 Tsd. Euro
   4. 4.460 Tsd. Euro
   5. 4.260 Tsd. Euro

b) Wie hoch war das Rohergebnis (Speditionsnutzen) im Geschäftsjahr?

   1. (+)   160 Tsd. Euro
   2. (+)   250 Tsd. Euro
   3. (+)   200 Tsd. Euro
   4. (−)   40 Tsd. Euro
   5. (+) 1.450 Tsd. Euro

c) Welches Unternehmensergebnis wurde im Geschäftsjahr erzielt?

   1. (+)   160 Tsd. Euro
   2. (+)   250 Tsd. Euro
   3. (+)   300 Tsd. Euro
   4. (−)   40 Tsd. Euro
   5. (+) 1.460 Tsd. Euro

d) Wie hoch war das Eigenkapital zu Beginn des Geschäftsjahres?

   1. 4.100 Tsd. Euro
   2. 4.260 Tsd. Euro
   3. 7.240 Tsd. Euro
   4. 4.040 Tsd. Euro
   5. 4.050 Tsd. Euro

Buchführung

Erfolgswirksame Buchungen 11.11

Die Aufgabe besteht aus den Teilen 1 und 2.

Teil 1 – Kraftstoffe

In der letzten Märzwoche d. J. ereignen sich in der SPEDAIX GmbH, Aachen, mehrere Geschäftsvorfälle, die mit Tankbelegen in Verbindung stehen. Bei welchem dieser Fälle lautet der Buchungssatz:

Kraftstoffverbrauch und Vorsteuer an Kasse?

Geschäftsfälle

1. Eingangsrechnung für Kraftstoffe der Betriebstankstelle im Wert von 8.000,00 EUR (netto)
2. Kraftstoffe im Wert von 380,00 EUR werden der Betriebstankstelle entnommen.
3. Kraftstoffe im Nettowert von 2.000,00 EUR werden an einen Subunternehmer bar verkauft.
4. Ein Fahrer tankt an einer Raststätte im Wert von 295,00 EUR (netto) und zahlt bar.
5. Ausgangsrechnung für Kraftstoffe im Wert von 2.380,00 EUR (brutto) an einen Subunternehmer.

Teil 2 – Eingangsrechnungen von Subunternehmern

Die SPEDAIX GmbH lässt mehrere Transporte durch fremde Frachtführer durchführen und erhält entsprechende Rechnungen. Die Auszubildenden diskutieren über die Erfolgswirksamkeit dieser Eingangsrechnungen. Welche der folgenden Aussagen trifft auf diese Rechnungen zu?

Aussagen

1. Diese Eingangsrechnungen führen zu keiner Erfolgswirksamkeit, da sie noch nicht bezahlt sind.
2. Die vom Fremdfrachtführer erbrachten Transportleistungen sind erfolgswirksam, da sie allgemeinen betrieblichen Aufwand (Betriebskosten) darstellen.
3. Die Eingangsrechnungen sind erfolgswirksam, da sie für die SPEDAIX GmbH auftragsgebundene, direkt zurechenbare Speditionskosten (Einzelkosten) darstellen.
4. Die Eingangsrechnungen sind nicht erfolgswirksam, da sie lediglich zu einer Buchung auf Bestandskonten führen.
5. Die Eingangsrechnungen sind erst dann erfolgswirksam, wenn die Transportleistungen von der SPEDAIX GmbH mit ihren Auftraggebern abgerechnet werden.

Buchführung

11.12 Abschluss von Erfolgs- und Bestandskonten

Teil 1 – Abschluss von Erfolgskonten

Am Jahresende sind die Aufwands- und Ertragskonten der SPEDAIX GmbH abzuschließen. Als Mitarbeiter(in) der Buchhaltung kontrollieren Sie den Abschluss folgender Konten:

- Gehälter   612.000,00 €
- Reifenverbrauch   18.400,00 €
- Kfz-Versicherung   24.000,00 €
- Büromaterialverbrauch   14.000,00 €
- Kraftwagenspeditionskosten   556.000,00 €
- Luftfrachtspeditionskosten   111.250,00 €
- Kraftwagenspeditionsleistungen   966.400,00 €
- Luftfrachtspeditionsleistungen   144.540,00 €

Dabei stellen Sie fest, dass beim Saldieren bzw. Abschluss ein Fehler unterlaufen ist. Welches der folgenden Prüfergebnisse zeigt diesen Fehler auf?

Prüfergebnisse:

1. Die Konten Gehälter, Reifenverbrauch und Kfz-Versicherung wurden auf der Habenseite saldiert.
2. Der Abschlusssaldo des Kontos Büromaterialverbrauch erscheint auf der Sollseite des Gewinn- und Verlustkontos.
3. Die Konten Kraftwagenspeditionskosten und Luftfrachtspeditionskosten wurden auf der Habenseite saldiert.
4. Die Abschlussbuchung für das Konto Kraftwagenspeditionsleistungen lautet: Gewinn- und Verlustkonto an Kraftwagenspeditionsleistungen.
5. Das Konto Luftfrachtspeditionsleistungen wurde auf der Sollseite saldiert.

Teil 2 – Abschluss der Bestandskonten

Ihnen wird eine manuell erstellte Skizze mit Bilanzpositionen der voraussichtlichen Schlussbilanz der SPEDAIX GmbH vorgelegt. Auch hier entdecken Sie einen Fehler bei der Zuordnung. Welche der Positionen (Nr.) wurde falsch saldiert bzw. steht auf der falschen Seite der Bilanz?

(Auszug)

Nr.	Bilanzpositionen	Der Endbestand (Saldo) befindet sich bei diesem Konto auf der ...	Der Endbestand befindet sich in der Schlussbilanz auf der ...
1	Verbindlichkeiten a. LL	Sollseite	Passivseite
2	Betriebs- und Geschäftsausstattung	Habenseite	Aktivseite
3	Kraftstoffvorräte	Habenseite	Aktivseite
4	Bankguthaben	Habenseite	Aktivseite
5	Darlehensforderungen	Sollseite	Passivseite
6	Umsatzsteuer	Sollseite	Passivseite
7	Transportanlagen und Transportgeräte	Habenseite	Aktivseite
8	Gezeichnetes Kapital (Stammkapital)	Sollseite	Passivseite
...	...	...	...

WIRTSCHAFTS- UND SOZIALKUNDE

- **12** Stellung, Rechtsform und Struktur
- **13** Berufsbildung
- **14** Personalwirtschaft, arbeits-, sozial- und tarifrechtliche Vorschriften
- **15** Sicherheit und Gesundheitsschutz bei der Arbeit
- **16** Umweltschutz
- **17** Berufsbezogenes Rechnen
- **18** Abkürzungen

Basistext und Gitterrätsel

Lesen Sie zunächst folgenden Basistext:

Die Arbeitswelt ist geregelt durch zahlreiche Gesetze, Verordnungen, Arbeits- und Tarifverträge sowie Betriebsvereinbarungen. Das Arbeitsrecht versucht dabei die Interessen der Arbeitsvertragspartner auszugleichen. Besonderen Schutz genießen z. B. jugendliche Arbeitnehmer und Auszubildende in der Ausbildung durch das Jugendarbeitsschutzgesetz (JArbSchG), Schwangere durch das Mutterschutzgesetz (MuSchG), aber auch der Betriebsrat aufgrund seiner Sonderstellung.

In Tarifverträgen (Lohn-, Gehalts- und Manteltarife) geregelt sind z. B. Arbeitszeiten, Urlaub, Höhe des Gehaltes u. dgl. mehr. Das Erwerbseinkommen der Arbeitnehmer wird versteuert (Einkommen- bzw. Lohnsteuer) und unterliegt der Sozialversicherungspflicht. Die Arbeitgeber- und Arbeitnehmeranteile zur Sozialversicherung werden an die Krankenkasse summarisch abgeführt.

Die Arbeitgeber beschäftigen auch leitende Angestellte, die – je nach Rechtsform der Unternehmung (z. B. GmbH, AG, OHG, KG) – die Geschäftsführung übernehmen bzw. entlasten. In Einzelunternehmen, Gesellschaftsunternehmen, Konzernen oder in Unternehmen, die einer Kooperation angehören, fallen dispositive Tätigkeiten an, die durch qualifiziertes Personal wahrgenommen werden. Leitende Angestellte können mit Prokura oder einer anderen Vollmacht (z. B. Allgemeine Handlungsvollmacht) ausgestattet sein. Die Prokura wird beim Handelsregister angemeldet und veröffentlicht.

Neben leitenden Angestellten erfordert die Geschäftstätigkeit auch die Rekrutierung von Personal des sog. „middle-management" und der exekutiven Ebene. Wird z. B. ein Buchhalter oder Kassierer eingestellt, benötigt dieser zur Ausübung seiner betrieblichen Funktionen eine Artvollmacht. Sie reicht z. B. von der Abwicklung von Zahlungsvorgängen (Ausstellen einer Quittung, Vornahme von Überweisungen) bis hin zur Steuerung und Kontrolle kaufmännischer und gerichtlicher Mahnverfahren bei Zahlungsverzug säumiger Kunden.

Basistext und Gitterrätsel

Umschreibungen

Tragen Sie zu folgenden Umschreibungen die passenden Fachbegriffe in die Kästchen des Gitterrätsels auf der rechten Seite ein (**Umlaute ä, ö, ü sind wie ae, oe, ue zu schreiben**).

Bei richtiger Eintragung aller Begriffe ergibt sich in der durch einen Pfeil markierten Senkrechten ein Lösungswort. **Grau gekennzeichnete** Buchstabenkästchen stehen für Buchstabengleichheit, d. h., der dort einzutragende Buchstabe wiederholt sich in allen anderen grau markierten Kästchen.

Alle gesuchten Begriffe sind **wortwörtlich im Basistext** enthalten!

01. Arbeitszeit zur Qualifizierung in einem Beruf
02. Form der Zusammenarbeit von Unternehmen
03. Vom Bruttogehalt einzuhaltende Zwangsabgabe
04. Arbeitsfreie Zeit
05. Lehrlinge (zeitgemäße Bezeichnung)
06. Träger eines Teilbereichs der Sozialversicherung
07. Interessenvertretung der Arbeitnehmer
08. Gesamtheit der Arbeitnehmerschaft eines Betriebes
09. Leistungsstörung des Schuldners
10. Amtliches Verzeichnis aller Vollkaufleute
11. Hochrangige Vollmacht (eintragungspflichtig)
12. Gesamtheit der Vorschriften für Arbeitgeber und Arbeitnehmer
13. Besondere Rechtsvorschriften für Jugendliche (Abkürzung)
14. Juristische Person des privaten Rechts mit Stammkapital (Abkürzung)
15. Besondere Rechtsvorschriften für Schwangere (Abkürzung)
16. Die Mitarbeitern zugeteilte Befugnis (Ermächtigung)
17. Beleg für Barzahlung
18. Vertragspartner des Arbeitgebers
19. Gesellschaft mit ausschließlich voll haftenden Personen (Abkürzung)

Basistext und Gitterrätsel

Fachbegriffe im Gitterrätsel:

Lösungswort

Wirtschafts- und Sozialkunde – Quick-Quiz

Nur eine der jeweils vier Antworten ist bei folgenden Aufgaben richtig. Übertragen Sie jeweils das vorangestellte **fettgedruckte Buchstabenpaar** der richtigen Antwort in das dazugehörige Lösungskästchen. Die richtigen Buchstabenpaare ergeben in der Reihenfolge von 01 bis 13 den gesuchten Begriff.

01. Welche der folgenden Rechtsformen befindet sich nicht in Abteilung HRA des Handelsregisters?

    EI – OHG
    HA – KG
    SO – KG a. A.
    BE – GmbH & Co. KG

02. Welche der folgenden Rechtsformen kann auch durch 1 Person gegründet werden?

    ZI – GmbH
    NZ – GbR
    ND – OHG
    RU – e. V.

03. Welche der folgenden Rechtsformen führt ein Stammkapital in ihrer Bilanz?

    FS – AG
    ET – OHG
    AL – GmbH
    EL – KG

04. Wie heißt das Beschlussfassungsorgan einer Aktiengesellschaft?

    UN – Betriebsversammlung
    SR – Gesellschafterversammlung
    AU – Generalversammlung
    VE – Hauptversammlung

05. Welche der folgenden Rechtshandlungen darf ein Prokurist ohne Sondervollmacht vornehmen?

    TE – Grundstücke verkaufen
    RS – Grundstücke kaufen
    EG – Prokura übertragen
    SB – Steuerbilanz des Inhabers unterschreiben

06. Welche der folgenden Vollmachten ist die ranghöchste?

    RN – Allgemeine Handlungsvollmacht
    IS – Artvollmacht
    IC – Generalvollmacht
    IL – Prokura

07. Welche Abkürzung steht für den Weltdachverband der nationalen Spediteurorganisationen?

    EH – IATA
    TE – DSLV
    DU – IRU
    HE – FIATA

Wirtschafts- und Sozialkunde – Quick-Quiz

08. Wie nennt man den Arbeitgeber, mit dem man einen Ausbildungsvertrag schließt?

    ME – Ausbeuter
    RA – Ausbilder
    NG – Auszubildender
    RU – Ausbildender

09. Mit welcher Frist ist das Arbeitsverhältnis eines Arbeitnehmers zum Fünfzehnten eines Monats oder zum Monatsende nach BGB kündbar?

    RI – 1 Woche
    US – 2 Wochen
    SV – 3 Wochen
    NG – 4 Wochen

10. An welchen Träger werden die Arbeitgeber- und Arbeitnehmeranteile zur Sozialversicherung summarisch abgeführt?

    NN – Rentenversicherung
    SA – Krankenkasse
    ZU – Berufsgenossenschaft
    ER – Bundesagentur für Arbeit

11. Welchen der folgenden Versicherungsbeiträge trägt der Arbeitgeber alleine?

    US – Unfallversicherung
    EN – Krankenversicherung
    GA – Pflegeversicherung
    HA – Rentenversicherung

12. Welche Sicherheitszeichen haben einen blauen Hintergrund?

    EL – Rettungszeichen
    OK – Verbotszeichen
    WE – Gebotszeichen
    PE – Warnzeichen

13. In welcher Rechtsvorschrift sind die Arbeitszeiten eines 17-jährigen Auszubildenden geregelt?

    EN – BGB
    NG – KSchG
    IS – JArbSchG
    AS – BBiG

LÖSUNGSWORT (Tragen Sie die Doppelbuchstaben ein):

01	02	03	04	05	06	07	08	09	10	11	12	13

Stellung, Rechtsform und Struktur

Neue Geschäftsfelder des Speditionsbetriebes 12.01

Die LOGSPEDIA GmbH hat sich in den letzten fünf Geschäftsjahren immer mehr zum Logistikdienstleister entwickelt. Immer häufiger legt die LOGSPEDIA ihren Verträgen mit Kunden neben den ADSp 2003 auch die Logistik-AGB zugrunde.

Zuletzt waren folgende Tätigkeiten Gegenstand der mit verschiedenen Kunden geschlossenen Verträge:

1. Transport einer Direktladung von Aachen nach Marseille.
2. Beiladung von Sammelgut beim Versandspediteur.
3. Durchführung einer Qualitätskontrolle von Produktmodulen für einen Kunden.
4. Betreiben eines Call-Centers für eine Exportfirma.
5. Ausstellen eines AWB im Rahmen der IATA-Agentur.
6. Einlagerung von Papierrollen im Speditionslager.

Welche **2** dieser Tätigkeiten stellen vorwiegend speditionsuntypische, aber logistische Leistungen dar?

Firma und Handelsregister 12.02

Die Firma ist der Name eines Kaufmanns, unter dem er seine Geschäfte betreibt, unterschreibt, klagen und verklagt werden kann.

a) Ordnen Sie zu, indem Sie die Kennziffern der **3** Fimierungen in die Kästchen neben den Firmen eintragen. Übertragen Sie anschließend Ihre senkrecht angeordneten Lösungsziffern in dieser Reihenfolge von links nach rechts in den Lösungsbogen.

Firmierungen (Rechtsform)

1. Einzelunternehmung
2. Personengesellschaft
3. Kapitalgesellschaft

Firmen

aa) Claudia Sägebrecht, Transportgesellschaft mbH

ab) Loretta Profitlich e. Kfr.

ac) Hasselt & Pängler OHG

ad) Rimbach GmbH & Co. KG

ae) Maschinenbau Aktiengesellschaft

b) Welche **2** der oben aufgeführten Firmen (aa) bis ae)) sind in der Handelsregisterabteilung B eingetragen (HRB)?

Stellung, Rechtsform und Struktur

12.03 Rechtsformen im Überblick

Folgende Aussagen kennzeichnen Besonderheiten einzelner Rechtsformen der Unternehmung. Die Aussagen treffen alternativ zu auf die …

1. Personengesellschaft
2. Kapitalgesellschaft
3. Einzelunternehmung

Ordnen Sie die Kennziffern der zutreffenden Rechtsform den folgenden Aussagen zu. Übertragen Sie anschließend Ihre senkrecht angeordneten Lösungsziffern in dieser Reihenfolge von links nach rechts in den Lösungsbogen!

Aussagen zu Rechtsformen

a) Bei dieser Rechtsform trägt der Inhaber das alleinige Verlustrisiko, hat aber auch die alleinige Entscheidungskompetenz.

b) Schließen sich Voll- und Teilhafter zusammen, kommt es zur Gründung dieser Rechtsform.

c) Grund- oder Stammkapital sind die Haftungskapitale bei diesen Rechtsformen.

d) In der Abteilung HRB des Handelsregisters findet man Eintragungen zu dieser Art der Rechtsform.

e) Von dieser Rechtsform spricht man, wenn die Haftung unbeschränkt, unmittelbar und solidarisch ausgelegt ist.

Stellung, Rechtsform und Struktur

Personengesellschaften 12.04

Die unten stehenden Aussagen treffen teilweise auf die Offene Handelsgesellschaft (OHG) und die Kommanditgesellschaft (KG) zu.

Bestimmen Sie, ob die Aussagen auf

1. OHG
2. KG
3. keine der beiden Rechtsformen

zutreffen, indem Sie die Kennziffern hinter den entsprechenden Aussagen eintragen.

Übertragen Sie anschließend die Kennziffern in dieser Reihenfolge von links nach rechts in den Lösungsbogen.

Aussagen

a) Alle Gesellschafter haben die Pflicht zur Geschäftsführung.

b) Kein Gesellschafter haftet mit seinem Privatvermögen für die Schulden der Gesellschaft.

c) Jeder Gesellschafter erhält vom Gewinn zuerst 4 % seiner Kapitaleinlage; der Rest wird nach Köpfen verteilt (gesetzliche Regelung).

d) Mindestens ein Gesellschafter haftet mit seinem Gesamtvermögen, mindestens ein Gesellschafter nur bis zur Höhe seiner Kapitaleinlage.

e) Der Gesellschaftsvertrag bedarf der notariell beglaubigten Schriftform.

f) Alle Gesellschafter haften solidarisch.

Stellung, Rechtsform und Struktur

12.05 Gesellschaft mit beschränkter Haftung

Teil 1 – Gründung

Till BRUNNER beabsichtigt die Gründung einer Transportunternehmung in der Rechtsform einer Gesellschaft mit beschränkter Haftung (GmbH).

Bestimmen Sie bei folgenden Fragen die jeweils zutreffende Aussage.

a) Welche Mindestgründerzahl schreibt das GmbH-Gesetz vor?

Aussagen
1. sieben
2. fünf
3. zwei
4. eins
5. drei

b) Wie hoch muss das Haftungskapital bei der Gründung sein?

Aussagen
1. 50.000,00 Euro
2. 25.000,00 Euro
3. 5.000,00 Euro
4. keine Mindestsumme
5. 10.000,00 Euro

c) BRUNNER entschließt sich, die GmbH zusammen mit seinem Freund Justus TESCH zu gründen. Welche der folgenden Firmierungen darf **nicht** gewählt werden?

Aussagen
1. Till BRUNNER GmbH & Co.
2. BRUNNER-Transporte, Gesellschaft mit beschränkter Haftung
3. TRAPO GmbH
4. TESCH & BRUNNER Transportgesellschaft mbH
5. Brute Transporte GmbH

Fortsetzung auf der nächsten Seite

Gesellschaft mit beschränkter Haftung 12.05

Fortsetzung

Teil 2 – Unternehmergesellschaft (haftungsbeschränkt)

Oliver Stein, 30 Jahre, wohnhaft in Aachen, Verkehrsfachwirt und gelernter Kaufmann für Spediton und Logistikdienstleistung, möchte als Unternehmensberater den Schritt in die Selbstständigkeit wagen. Gegenstand seiner unternehmerischen Tätigkeit sollen die Beratung und das Coaching von Existenzgründern im Bereich Güterkraftverkehr und Logistik sein. Um die Haftung zu begrenzen und seine eigenen Gründungskosten möglichst gering zu halten, interessiert er sich für die haftungsbeschränkte Unternehmergesellschaft.

Welche **beiden** Aussagen über diese Rechtsform sind zwar denkbar aber rechtlich **nicht** umsetzbar?

Aussagen

1. Als Firmierung möchte Stein „O. S. Beratungsdienste UG (haftungsbeschränkt)" wählen.
2. Das Stammkapital beschränkt Stein auf 1.000,00 Euro.
3. Bei der Gründung will er zunächst ein Viertel des gezeichneten Stammkapitals (250,00 Euro) einzahlen; den Rest möchte er später leisten.
4. Alternativ zur Bareinzahlung erwägt Stein eine Sacheinlage (Privat-PKW, Teilwert 1.000,00 Euro).
5. Als Verwaltungssitz seiner Gesellschaft will er seine Geburtsstadt Maastricht wählen.
6. Alternativ zur Einzelgründung könnte sich Stein auch seine Freundin Mona, Kauffrau für Versicherung und Finanzen sowie deren Bruder Kevin, Bankkaufmann, als Mitgründer vorstellen.

Aktiengesellschaft 12.06

Welche der folgenden Aufzählungen gibt die in einer Aktiengesellschaft vorgeschriebenen Organe richtig wieder?

1. Geschäftsführung, Aufsichtsrat, Gesellschafterversammlung
2. Vorstand, Prokurist, Hauptversammlung
3. Geschäftsführung, Vorstand, Aktionärsversammlung
4. Vorstand, Aufsichtsrat, Hauptversammlung
5. Vorstand, Aufsichtsrat, Aktionäre

Stellung, Rechtsform und Struktur

12.07 Organisationen, Institutionen und Behörden

Welche der folgenden Abkürzungen steht nicht für eine sog. berufsständische Organisation oder einen Verkehrsverband im Speditionsgewerbe?

1. FIATA
2. DSLV
3. BGL
4. BAG
5. IRU

12.08 Sammelgut-Kooperationen

Welche **2** der 6 folgenden Merkmale stehen für Vorteile der Mitglieder von Sammelgut-Kooperationen?

Merkmale von Sammelgut-Kooperationen

1. Abstimmungs- und Entscheidungsbefugnisse
2. Erfahrungsaustausch und Konzeptentwicklung
3. Kompatibilität der technischen Systeme
4. Individuelle Kundenbetreuung
5. Kostenniveau und Synergie-Effekte
6. Individuelle Servicelösungen jederzeit

12.09 Vollmachten

In vielen Unternehmungen wird ein Vertretungsrecht geringeren oder größeren Umfangs auf einen oder mehrere Angestellte(n) übertragen; es werden „Handlungsvollmacht" und „Prokura" erteilt.

Welche **4** der nachstehenden Aussagen sind richtig?

Aussagen

1. Nur der Inhaber eines Handelsgeschäftes oder dessen gesetzlicher Vertreter dürfen Prokura erteilen.
2. Ein Prokurist darf auch Handlungsvollmacht erteilen.
3. Die Erteilung der Prokura ist an keine Form gebunden, d. h., sie darf auch stillschweigend erteilt werden.
4. Der Prokurist ist befugt, für das Unternehmen Darlehen aufzunehmen sowie Grundstücke zu erwerben.
5. Ein Handlungsbevollmächtigter darf mit einer Sondervollmacht für die Unternehmung einen Prozess führen; ohne besondere Vollmacht ist dies nicht möglich.
6. Die Prokura erlischt mit dem Tod des Firmeninhabers.
7. Handlungsbevollmächtigte und auch Prokuristen dürfen ohne besondere Vollmacht betriebliche Grundstücke veräußern.
8. Nur der Prokurist darf Grundstücke veräußern, wenn diese nicht betriebsnotwendig sind (sog. Reservegrundstücke).

Stellung, Rechtsform und Struktur

Unternehmensgründung 12.10

Zwei ehemalige Mitarbeiter der SPEDAIX GmbH wollen eine eigene Unternehmung gründen. Sie vereinbaren vertraglich ein Stammkapital in Höhe von 10.000,00 Euro, das von beiden je zur Hälfte durch Bareinzahlung geleistet werden soll. Darüber hinaus verpflichten sie sich, jährlich ein Viertel des erwirtschafteten Überschusses in eine Gewinnrücklage einzustellen.

Wie heißt die Rechtsform, die hier gewählt wird?

1. Offene Handelsgesellschaft (OHG)
2. Aktiengesellschaft (AG)
3. Gesellschaft mit beschränkter Haftung (GmbH)
4. Unternehmergesellschaft (haftungsbeschränkt)
5. Kommanditgesellschaft (KG)

Berufsbildung

13.01 Berufsausbildungsvertrag

Amelie Falke beginnt eine Ausbildung zur „Kauffrau für Spedition und Logistikdienstleistung" bei der SPEDAIX GmbH, Aachen. Nachdem der Ausbildungsvertrag unterzeichnet ist, wird er bei der zuständigen Stelle registriert.

In welches der folgenden Verzeichnisse sind wesentliche Inhalte des Ausbildungsvertrages einzutragen?

Verzeichnisse

1. In der „Handwerksrolle" der zuständigen Handwerkskammer
2. Im Handelsregister des zuständigen Amtsgerichts
3. In der Mitgliedsliste des zuständigen Verkehrsverbandes
4. In der Kartei der zuständigen Agentur für Arbeit
5. Im Verzeichnis der Berufsausbildungsverhältnisse der zuständigen Industrie- und Handelskammer

13.02 Ausbildender

Klaus Schabe beginnt eine Ausbildung als Kaufmann für Spedition und Logistikdienstleistung bei der Eurotrans GmbH in Aachen. Herr Ludorf, der für die Betreuung der Auszubildenden zuständig ist, setzt Klaus zunächst in der Abteilung „Nationale Nahverkehre" ein, wo er von Frau Farjell unter anderem in das firmeneigene Computerprogramm eingewiesen wird.

Welche der an der Ausbildung von Klaus beteiligten Personen wird als „Ausbildender" bezeichnet?

Beteiligte

1. Klaus Schabe
2. Herr Ludorf
3. Frau Farjell
4. Eurotrans GmbH
5. Herr Ludorf und Frau Farjell gemeinsam.

13.03 Anlage des Berufsausbildungsvertrages

Die Firma Kahn GmbH stellt einen neuen Auszubildenden ein.

Welchen Plan muss die Firma zusätzlich zum Berufsausbildungsvertrag an den Auszubildenden aushändigen?

Pläne

1. Ausbildungsrahmenplan
2. Lehrplan der Berufsschule
3. Personalentwicklungsplan
4. Ausbildungsplan
5. Kontenplan

Berufsbildung

Berufsbildungsgesetz 13.04

Welche der folgenden Pflichten bezieht sich gemäß Berufsbildungsgesetz (BBiG) speziell auf den Ausbildenden?

Pflichten

1. Pflicht zur Teilnahme an Ausbildungsmaßnahmen
2. Pflicht zur pfleglichen Behandlung betrieblicher Arbeitsmittel
3. Pflicht zur Wahrung von Betriebs- und Geschäftsgeheimnissen
4. Pflicht zur charakterlichen Förderung und Fürsorge
5. Pflicht zur Beachtung der betrieblichen Ordnung

Ausbildungsberufsbild 13.05

In welchem der folgenden Pläne bzw. in welcher der Rechtsgrundlagen ist das Ausbildungsberufsbild enthalten?

Pläne bzw. Rechtsgrundlagen

1. in der Ausbildungsordnung
2. im Ausbildungsrahmenplan
3. im Berufsbildungsgesetz (BBiG)
4. im Berufsausbildungsvertrag
5. im Lehrplan der Berufsschule

Ausbildungsplan 13.06

Frau Elke Zimmermann ist Ausbilderin in der SPEDAIX GmbH, Aachen. Sie soll einen Ausbildungsplan für die Auszubildende Amelie Falke erstellen.

Welche der unten aufgeführten Bestimmungen ist rechtsverbindlich für die zu vermittelnden Kenntnisse und Fertigkeiten in den einzelnen Ausbildungshalbjahren?

Bestimmungen

1. Richtlinien und Lehrpläne der Berufsschule
2. Tarifvertrag
3. Betriebsvereinbarung
4. Ausbildungsrahmenplan der Ausbildungsordnung
5. Berufsbildungsgesetz

Berufsbildung

13.07 Dauer/Beendigung des Berufsausbildungsverhältnisses

Der Auszubildende Klaus Schabe hat einige Fragen zur Dauer und zum Verlauf seiner Ausbildungszeit. Welche der folgenden Aussagen hierzu ist **falsch**?

Aussagen

1. Das Berufsausbildungsverhältnis endet immer mit dem Ablauf der vertraglichen Ausbildungszeit.
2. Während der Probezeit kann das Berufsausbildungsverhältnis jederzeit ohne Einhalten einer Kündigungsfrist gekündigt werden.
3. Die Probezeit muss mindestens einen Monat und darf höchstens vier Monate betragen.
4. Die Ausbildungszeit kann nach Anhören des Ausbildenden und der Berufsschule verkürzt werden, wenn die Leistungen dies rechtfertigen.
5. Bei Nichtbestehen kann die Abschlussprüfung zweimal wiederholt werden.

Personalwirtschaft, arbeits-, sozial- und tarifrechtliche Vorschriften

Jugendarbeitsschutzgesetz 14.01

Das „Gesetz zum Schutz der arbeitenden Jugend" (JArbSchG) enthält wichtige Bestimmungen, die bei einer Beschäftigung von Jugendlichen zu berücksichtigen sind.

a) Für welchen Personenkreis gilt das JArbSchG ausschließlich?

Personenkreis

1. Kinder ab 7 Jahren
2. Kinder von 7 bis 14 Jahren
3. Kinder und Jugendliche von 7 bis 16 Jahren
4. Kinder und Jugendliche unter 18 Jahren
5. Jugendliche von 16 bis 18 Jahren

b) In welchem der folgenden Fälle ist der Jugendliche für den Berufsschulbesuch ganztägig freizustellen?

Fälle

1. An Berufsschultagen mit einer Unterrichtszeit von mehr als fünf Schulstunden
2. An allen Berufsschultagen, unabhängig von der Dauer des Unterrichts
3. An Berufsschultagen mit einer Unterrichtszeit von mindestens fünf Zeitstunden
4. An Berufsschultagen mit einer Unterrichtszeit von mindestens sechs Zeitstunden
5. An Berufsschultagen mit einer Unterrichtszeit von mehr als sechs Schulstunden

c) Monika F., geb. am 14.07.1992, hat am 01.08.2009 ihre Ausbildung zur Floristin begonnen. Wie viele Urlaubstage stehen ihr für das Jahr 2010 mindestens zu?

Tage

1. 21 Werktage
2. 25 Werktage
3. 27 Werktage
4. 30 Werktage
5. 36 Werktage

d) Wie lange dauern bei einer achtstündigen Arbeitszeit die Ruhepausen mindestens?

Pausen

1. Insgesamt 45 Minuten
2. Zweimal 40 Minuten
3. Zweimal 45 Minuten
4. Insgesamt 1 Stunde
5. Mehr als 1 Stunde für den Fall, dass 5 Stunden ohne Ruhepause gearbeitet wurde

Personalwirtschaft, arbeits-, sozial- und tarifrechtliche Vorschriften

14.02 Betriebsrat

Juan Fernandez und Fanny Schlamm gehören dem Betriebsrat der mittelständischen Unternehmung Fitteler OHG an.

a) Zwischen der Geschäftsleitung und dem Betriebsrat wird ein neues Arbeitszeitmodell ausgehandelt, das zunächst für die Dauer von 2 Jahren zur Probe eingeführt werden soll.

Wie wird ein solches Abkommen nach dem Betriebsverfassungsgesetz (BetrVG) bezeichnet?

Bezeichnung

1. Einzelarbeitsvertrag
2. Arbeitszeitvertrag
3. Betriebssatzung
4. Betriebsvereinbarung
5. Betriebsmodellvertrag

b) In der Fitteler OHG ist wegen beträchtlicher Wettbewerbsnachteile mit drastischen Maßnahmen zur Kostensenkung zu rechnen. Dazu zählt auch die Reduzierung des Personalbestands.

Welcher der folgenden Beschäftigten in der Fitteler OHG steht nicht unter einem besonderen Kündigungsschutz?

Beschäftigte

1. Frau Schmälster als werdende Mutter
2. Juan Fernandez und Fanny Schlamm als Betriebsräte
3. Herr Äbberley als allein erziehender Vater von Zwillingen
4. Der schwerbehinderte Julius Schindewolf als Pförtner
5. Die Jugend- und Auszubildendenvertreterin Helga Pferdäcker

Personalwirtschaft, arbeits-, sozial- und tarifrechtliche Vorschriften

Betriebsverfassungsgesetz 14.03

Das Betriebsverfassungsgesetz (BetrVG) regelt Wahl- und Mitbestimmungsrechte der Betriebsräte. Beantworten Sie folgende Fragen zum Betriebsrat.

a) Wie viele wahlberechtigte Arbeitnehmer müssen dem Betrieb zur Errichtung eines Betriebsrates mindestens angehören?

1. 2 Arbeitnehmer
2. 3 Arbeitnehmer
3. 5 Arbeitnehmer
4. 7 Arbeitnehmer
5. 100 Arbeitnehmer

b) Wie lange muss ein wahlberechtigter Arbeitnehmer dem Betrieb angehören, um das passive Wahlrecht zum Betriebsrat zu besitzen?

1. Keine Mindestzeit festgelegt
2. 30 Tage
3. 3 Monate
4. 6 Monate
5. 1 Jahr

c) Auf wie viele Jahre wird der Betriebsrat gewählt?

1. 3 Jahre
2. 4 Jahre
3. 5 Jahre
4. 8 Jahre
5. unbefristet

d) Bei welcher der folgenden Angelegenheiten hat der Betriebsrat ein Widerspruchsrecht?

1. Einstellung leitender Angestellter
2. Einführung neuer Fertigungsverfahren
3. Ordentliche Kündigung
4. Durchführung betrieblicher Bildungsmaßnahmen
5. Hausunterricht für Auszubildende

Personalwirtschaft, arbeits-, sozial- und tarifrechtliche Vorschriften

14.04 Kündigung

Richard Meyer, 44 Jahre alt, seit über 12 Jahren Mitarbeiter der Schnell GmbH, erhält am 19.03. des Jahres seine schriftliche Kündigung.

Meyer ist mit der im Schreiben angegebenen Begründung nicht einverstanden. Er ist vielmehr der Ansicht, dass seine Kündigung sozial ungerechtfertigt sei.

a) Meyer informiert sich über seine Möglichkeiten, die ihm zur Verfügung stehen, um etwas gegen die Kündigung zu unternehmen.

  aa) Bei **welcher Stelle** kann Meyer Einspruch einlegen?

  ab) Bei **welcher Stelle** kann Meyer Klage erheben?

  Stellen

  1. Amtsgericht
  2. Arbeitsgericht
  3. Industrie- und Handelskammer
  4. Sozialgericht
  5. Betriebsrat

  ac) Binnen **welcher Frist** muss Meyer Einspruch einlegen?

  ad) Binnen **welcher Frist** muss Meyer Klage erheben?

  Frist

  1. 1 Woche
  2. 2 Wochen
  3. 3 Wochen
  4. 4 Wochen
  5. 6 Wochen

b) Meyer hat sich entschlossen, beim Arbeitsgericht Klage auf Feststellung zu erheben, um zu klären, ob das Arbeitsverhältnis durch die Kündigung aufgelöst ist.

  ba) Zu welchem **Rechtsgebiet** zählt die Kündigungsklage beim Arbeitsgericht?

  Rechtsgebiet

  1. Öffentliches Recht
  2. Privates Recht

  bb) Welchen **Instanzenweg** kann Meyer gegebenenfalls einschlagen?

  Instanzenweg

  1. Arbeitsgericht, Landessozialgericht, Bundessozialgericht
  2. Arbeitsgericht, Oberlandesgericht, Bundesgerichtshof
  3. Arbeitsgericht, Landesarbeitsgericht, Bundesarbeitsgericht
  4. Arbeitsgericht, Landesarbeitsgericht, Oberlandesarbeitsgericht, Bundesarbeitsgericht
  5. Arbeitsgericht, Landesgericht, Bundesarbeitsgericht

Personalwirtschaft, arbeits-, sozial- und tarifrechtliche Vorschriften

Anlage zu Aufgabe 14.05 (Teile 1 und 2)

Auszug aus dem Bürgerlichen Gesetzbuch (BGB):

§ 622 Kündigungsfristen bei Arbeitsverhältnissen

(1) Das Arbeitsverhältnis eines Arbeiters oder eines Angestellten (Arbeitnehmers) kann mit einer Frist von vier Wochen zum Fünfzehnten oder zum Ende eines Kalendermonats gekündigt werden.

(2) Für eine Kündigung durch den Arbeitgeber beträgt die Kündigungsfrist, wenn das Arbeitsverhältnis in dem Betrieb oder Unternehmen

1. zwei Jahre bestanden hat, einen Monat zum Ende eines Kalendermonats,
2. fünf Jahre bestanden hat, zwei Monate zum Ende eines Kalendermonats,
3. acht Jahre bestanden hat, drei Monate zum Ende eines Kalendermonats,
4. zehn Jahre bestanden hat, vier Monate zum Ende eines Kalendermonats,
5. zwölf Jahre bestanden hat, fünf Monate zum Ende eines Kalendermonats,
6. fünfzehn Jahre bestanden hat, sechs Monate zum Ende eines Kalendermonats,
7. zwanzig Jahre bestanden hat, sieben Monate zum Ende eines Kalendermonats.

Bei der Berechnung der Beschäftigungsdauer werden Zeiten, die vor der Vollendung des 25. Lebensjahres des Arbeitnehmers liegen, nicht berücksichtigt.

(3) Während einer vereinbarten Probezeit, längstens für die Dauer von sechs Monaten, kann das Arbeitsverhältnis mit einer Frist von zwei Wochen gekündigt werden.

Gesetzliche Kündigungsfristen 14.05

Die Aufgabe besteht aus den Teilen 1 und 2.

Teil 1 – Kündigung durch den Arbeitnehmer

Lars Lensing, geboren am 28. Januar 1975, ist seit 01.08.1998 als Lagerarbeiter bei der SPEDAIX GmbH beschäftigt. Am 03.04.2010 übergibt Herr Lensing Ihnen als Mitarbeiter/-in in der Personalabteilung ein auf denselben Tag datiertes Schreiben, mit dem er sein Arbeitsverhältnis zum nächstmöglichen Termin kündigt.

Prüfen Sie anhand der Anlage, wann Herrn Lensings Arbeitsverhältnis nach dem BGB endet!

Datum

1. 31.08.2010
2. 30.07.2010
3. 31.07.2010
4. 15.05.2010
5. 30.04.2010

Fortsetzung auf der nächsten Seite

Personalwirtschaft, arbeits-, sozial- und tarifrechtliche Vorschriften

14.05 Gesetzliche Kündigungsfristen

Fortsetzung

Teil 2 – Kündigung durch den Arbeitgeber

Seit Winter 2008 ist die ab 1. Oktober 2008 in der SPEDAIX GmbH als Kommissionierkraft beschäftigte Elvira Schuch, 28 Jahre alt, krankgeschrieben. Da der Arbeitgeber im Winter 2009 immer noch auf die Mitarbeit der erkrankten Frau Schuch verzichten musste, kündigt er Frau Schuch am 19. März 2010.

An welchem Tag endet das Arbeitsverhältnis, wenn die gesetzliche Kündigungsfrist gilt?

Datum

1. 20.03.2010
2. 30.03.2010
3. 31.03.2010
4. 15.04.2010
5. 30.04.2010

14.06 Rechtsgrundlage für den Urlaubsanspruch

Rita Blumick, geboren am 12. Juli 1989, hat am 1. August 2009 eine Ausbildung in einem größeren Einzelhandelsunternehmen begonnen.

In welcher Rechtsgrundlage ist ihr Urlaubsanspruch für das Ausbildungsjahr 2010 geregelt?

Rechtsgrundlagen

1. Jugendarbeitsschutzgesetz
2. Berufsbildungsgesetz
3. Gehaltstarifvertrag
4. Manteltarifvertrag
5. Bundesurlaubsgesetz

Personalwirtschaft, arbeits-, sozial- und tarifrechtliche Vorschriften

Tarifverträge 14.07

Tarifverträge (Rahmen- und Lohn- bzw. Gehaltstarife) kommen oftmals erst dann zustande, nachdem die unterschiedlichen Zielvorstellungen der Tarifpartner durch Schlichtungs- oder gar Arbeitskampfmaßnahmen ausgehandelt bzw. ausgefochten sind.

Beantworten Sie die folgenden Fragen zum Tarifrecht.

a) **Welche** der folgenden **Gruppen** hat in Deutschland das Recht, Tarifverträge abzuschließen?

   Gruppen
   1. Betriebsrat mit den Arbeitgebern
   2. Gewerkschaften mit den einzelnen Arbeitgebern
   3. Gewerkschaften und Arbeitgeberverbände
   4. Wirtschaftsminister und Arbeitgeberverbände
   5. Betriebsräte mit den Arbeitgeberverbänden

b) **Welcher Mehrheit** der abstimmungsberechtigten Gewerkschaftsmitglieder bedarf es bei einer Urabstimmung über die Durchführung eines Streiks?

   Mehrheit
   1. 51 %
   2. ⅔ Mehrheit
   3. ¾ Mehrheit
   4. 66 %
   5. keiner

c) In **welchen Betrieben** wird die Gewerkschaft ggf. Schwerpunktstreiks veranlassen?

d) In **welchen Betrieben** werden die Arbeitgeber als Gegenmaßnahmen Aussperrungen vornehmen?

   Betriebe
   1. Zulieferbetriebe
   2. Produktionsbetriebe

e) **Welcher der** folgenden **Vertragspunkte** ist **nicht** Gegenstand eines Rahmen- oder Manteltarifvertrages?

   Vertragspunkte
   1. Arbeitszeit
   2. Urlaub
   3. Kündigungsfristen
   4. Lohnsätze
   5. Schlichtungsstelle

Personalwirtschaft, arbeits-, sozial- und tarifrechtliche Vorschriften

14.08 Streik

Nach Auslaufen des Tarifvertrages ruft die Gewerkschaft VER.DI nach einer Urabstimmung in Nordrhein-Westfalen die Beschäftigten in verschiedenen Betrieben des Dienstleistungs-gewerbes zum Streik auf.

Welche **2** der folgenden Aussagen sind richtig?

Aussagen

1. Der Arbeitgeber in einem bestreikten Betrieb darf einzelnen streikenden Arbeitnehmern wegen Arbeitsniederlegung kündigen.
2. Der Arbeitgeber des bestreikten Betriebes muss den streikenden Arbeitnehmern auch während eines Streiks den Lohn weiterzahlen.
3. Wenn wegen des Streiks ein geordneter Geschäftsbetrieb nicht mehr möglich ist, müssen nicht-streikende Arbeitnehmer auch nicht beschäftigt werden.
4. Ein nicht-streikender Arbeitnehmer, der nicht Mitglied der Gewerkschaft ist, erhält während des Streiks keine Unterstützung aus der Arbeitslosenversicherung.
5. Während des Streiks muss der Arbeitgeber den arbeitswilligen Arbeitnehmern auf jeden Fall den Lohn weiterzahlen.
6. Der Arbeitgeber darf im Wege der Einzelklage von jedem streikenden Arbeitnehmer Schadensersatz wegen Produktionsausfall verlangen.

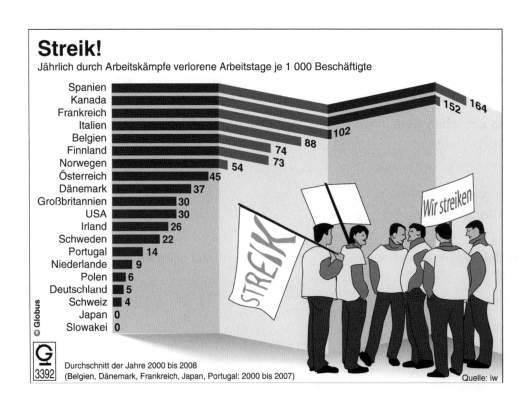

Personalwirtschaft, arbeits-, sozial- und tarifrechtliche Vorschriften

Sozialversicherungssystem 14.09

Neben der Pflegeversicherung umfasst das System der Sozialversicherung die folgenden Einzelversicherungen.

Ordnen Sie unter a) den Versicherungsträgern und unter b) den Versicherungsleistungen die jeweils richtige Einzelversicherung zu. Übertragen Sie anschließend die Kennziffern in dieser Reihenfolge von links nach rechts in den Lösungsbogen.

a) **Einzelversicherungen**

   1. Rentenversicherung
   2. Beiträge zur Arbeitsförderung
   3. Krankenversicherung
   4. Unfallversicherung

   Versicherungsträger

   aa) Allgemeine Ortskrankenkasse (AOK)

   ab) Deutsche Rentenversicherung

   ac) Berufsgenossenschaft

   ad) Bundesagentur für Arbeit (BA)

   ae) Ersatzkassen

b) **Versicherungsleistungen**

   ba) Erwerbsminderungsrente

   bb) Altersrente

   bc) Insolvenzgeld

   bd) Mutterschaftshilfe

   be) Verletztenrente

   bf) Altersruhegeld

   bg) Winterausfallgeld

   bh) Maßnahmen zur Krankheitsfrüherkennung

   bi) Arbeitslosengeld

c) Welche der oben aufgeführten Einzelversicherungen ist Träger der seit dem 01.01.1995 bestehenden gesetzlichen Pflegeversicherung?

Personalwirtschaft, arbeits-, sozial- und tarifrechtliche Vorschriften

14.10 Gehaltsabrechnung

Die Aufgabe besteht aus fünf Teilen.

Aus der betriebsinternen Personalkostenstatistik sind für die monatliche Gehaltsabrechnung der kaufmännischen Angestellten Monika Gabriele F. aus Aachen, folgende Daten bekannt:

Alter	22 J.
Familienstand	ledig
Konfession	röm.-kath.
Anzahl der Kinder	0
Steuer- und sozialversicherungspflichtiges Monatsentgelt	2.190,00 €
Kirchensteuersatz	9,0 %
Gesamtbeitragssatz in der Sozialversicherung	39,8 % (davon 19,325 % AG-Anteil)
Anteiliger Beitrag zur Unfallversicherung	25,00 €

Stand: 06/2010

Evtl. Steuerfreibeträge, vermögenswirksame Leistungen, sonstige Zuschüsse oder Verrechnungsbeträge aufgrund von Vorschüssen sind nicht bekannt bzw. bleiben unberücksichtigt.

Teil 1 — Steuerklassen

Die Höhe der Lohnsteuer hängt in besonderem Maße von der Steuerklasse ab. Es werden insgesamt sechs Steuerklassen unterschieden.

In welche Steuerklasse ist Monika Gabriele F. aufgrund der oben genannten Angaben einzuordnen?

Steuerklassen

1. Lohnsteuerklasse I
2. Lohnsteuerklasse II
3. Lohnsteuerklasse III
4. Lohnsteuerklasse IV
5. Lohnsteuerklasse V
6. Lohnsteuerklasse VI

Teil 2 — Einzelversicherungen

Welche der folgenden Einzelversicherungen ist nicht in dem Beitragssatz zur Sozialversicherung enthalten und damit nicht Bestandteil der monatlichen Gehaltsabrechnung?

Einzelversicherungen

1. Krankenversicherung
2. Pflegeversicherung
3. Lebensversicherung
4. Rentenversicherung
5. Beiträge zur Arbeitsförderung (Arbeitslosenversicherung)

Personalwirtschaft, arbeits-, sozial- und tarifrechtliche Vorschriften

Beträge berechnen   Teil 3

Bestimmen Sie anhand der im Ausgangsfall angegebenen Daten und dem unten stehenden Auszug der Lohnsteuertabelle folgende Beträge.

a) Höhe der zu entrichtenden Lohnsteuer

b) Höhe der zu entrichtenden Kirchensteuer

ca) Höhe des Solidaritätsbeitrages in Euro

cb) Höhe des Solidaritätsbeitrages in Prozent

d) Höhe des Arbeitnehmerbeitrages zur Sozialversicherung

e) Höhe des *gesamten* Arbeitgeberaufwands

f) Höhe des monatlichen Nettoentgelts

Lohn/Gehalt bis €*	Abzüge an Lohnsteuer, Solidaritätszuschlag (SolZ) und Kirchensteuer (8%, 9%) in den Steuerklassen																		
	I – VI ohne Kinderfreibeträge				I, II, III, IV mit Zahl der Kinderfreibeträge ...														
						0,5			1			1,5			2			2,5			3**		
		LSt	SolZ 8%	9%	LSt	SolZ 8%	9%	SolZ 8%	9%	SolZ 8%	9%	SolZ 8%	9%	SolZ 8%	9%	SolZ 8%	9%

[...]

2 186,99	I,IV 270,58	14,88 21,64 24,35	I 270,58	10,53 15,32 17,23	6,44 9,37 10,54	— 3,97 4,46	— — —	— — —	— — —
	II 240,50	13,22 19,24 21,64	II 240,50	8,97 13,06 14,69	1,91 7,24 8,15	— 2,30 2,59	— — —	— — —	— — —
	III 71,33	— 5,70 6,41	III 71,33	— 1,69 1,90	— — —	— — —	— — —	— — —	— — —
	V 510,66	28,08 40,85 45,95	IV 270,58	12,67 18,43 20,73	10,53 15,32 17,23	8,45 12,30 13,83	6,44 9,37 10,54	0,15 6,54 7,35	— 3,97 4,46
	VI 541,33	29,77 43,30 48,71							
2 189,99	I,IV 271,25	14,91 21,70 24,41	I 271,25	10,56 15,37 17,29	6,48 9,42 10,60	— 4,02 4,52	— — —	— — —	— — —
	II 241,16	13,26 19,29 21,70	II 241,16	9,01 13,10 14,74	2,05 7,30 8,21	— 2,34 2,63	— — —	— — —	— — —
	III 72,—	— 5,76 6,48	III 72,—	— 1,73 1,94	— — —	— — —	— — —	— — —	— — —
	V 511,83	28,15 40,94 46,06	IV 271,25	12,71 18,49 20,80	10,56 15,37 17,29	8,49 12,35 13,89	6,48 9,42 10,60	0,26 6,58 7,40	— 4,02 4,52
	VI 542,33	29,82 43,38 48,80							
2 192,99	I,IV 272,—	14,96 21,76 24,48	I 272,—	10,61 15,43 17,36	6,51 9,47 10,65	— 4,06 4,56	— 0,02 0,02	— — —	— — —
	II 241,91	13,30 19,35 21,77	II 241,91	9,05 13,16 14,81	2,16 7,34 8,26	— 2,38 2,67	— — —	— — —	— — —
	III 72,50	— 5,80 6,52	III 72,50	— 1,77 1,99	— — —	— — —	— — —	— — —	— — —
	V 512,66	28,19 41,01 46,13	IV 272,—	12,75 18,54 20,86	10,61 15,43 17,36	8,52 12,40 13,95	6,51 9,47 10,65	0,40 6,64 7,47	— 4,06 4,56
	VI 543,33	29,88 43,46 48,89							
2 195,99	I,IV 272,75	15,— 21,82 24,54	I 272,75	10,64 15,48 17,42	6,54 9,52 10,71	— 4,10 4,61	— 0,06 0,06	— — —	— — —
	II 242,66	13,34 19,41 21,83	II 242,66	9,08 13,22 14,87	2,30 7,40 8,32	— 2,42 2,72	— — —	— — —	— — —
	III 73,—	— 5,84 6,57	III 73,—	— 1,81 2,03	— — —	— — —	— — —	— — —	— — —
	V 513,83	28,26 41,10 46,24	IV 272,75	12,79 18,60 20,93	10,64 15,48 17,42	8,56 12,46 14,01	6,54 9,52 10,71	0,51 6,68 7,52	— 4,10 4,61
	VI 544,33	29,93 43,54 48,98							

[...]

2 213,99	I,IV 277,16	15,24 22,17 24,94	I 277,16	10,87 15,82 17,79	6,76 9,84 11,07	— 4,36 4,91	— 0,24 0,27	— — —	— — —
	II 246,91	13,58 19,75 22,22	II 246,91	9,30 13,54 15,23	3,06 7,70 8,66	— 2,64 2,97	— — —	— — —	— — —
	III 76,33	— 6,10 6,86	III 76,33	— 2,02 2,27	— — —	— — —	— — —	— — —	— — —
	V 519,83	28,59 41,58 46,78	IV 277,16	13,02 18,94 21,31	10,87 15,82 17,79	8,78 12,78 14,37	6,76 9,84 11,07	1,28 6,99 7,86	— 4,36 4,91
	VI 550,50	30,27 44,04 49,54							
2 216,99	I,IV 277,83	15,28 22,22 25,—	I 277,83	10,91 15,87 17,85	6,80 9,89 11,12	— 4,40 4,95	— 0,26 0,29	— — —	— — —
	II 247,66	13,62 19,81 22,28	II 247,66	9,34 13,59 15,29	3,18 7,75 8,72	— 2,68 3,02	— — —	— — —	— — —
	III 76,83	— 6,14 6,91	III 76,83	— 2,06 2,32	— — —	— — —	— — —	— — —	— — —
	V 520,83	28,64 41,66 46,87	IV 277,83	13,06 19,— 21,38	10,91 15,87 17,85	8,82 12,83 14,43	6,80 9,89 11,12	1,40 7,04 7,92	— 4,40 4,95
	VI 551,50	30,33 44,12 49,63							
2 219,99	I,IV 278,58	15,32 22,28 25,07	I 278,58	10,94 15,92 17,91	6,83 9,94 11,18	— 4,45 5,—	— 0,30 0,33	— — —	— — —
	II 248,41	13,66 19,87 22,35	II 248,41	9,38 13,65 15,35	3,31 7,80 8,78	— 2,72 3,06	— — —	— — —	— — —
	III 77,33	— 6,18 6,95	III 77,33	— 2,09 2,35	— — —	— — —	— — —	— — —	— — —
	V 521,83	28,70 41,74 46,96	IV 278,58	13,10 19,06 21,44	10,94 15,92 17,91	8,85 12,88 14,49	6,83 9,94 11,18	1,53 7,09 7,97	— 4,45 5,—
	VI 552,66	30,39 44,21 49,73							
2 222,99	I,IV 279,33	15,36 22,34 25,13	I 279,33	10,99 15,98 17,98	6,87 9,99 11,24	— 4,49 5,05	— 0,32 0,36	— — —	— — —
	II 249,08	13,69 19,92 22,41	II 249,08	9,42 13,70 15,41	3,43 7,85 8,83	— 2,76 3,11	— — —	— — —	— — —
	III 78,—	— 6,24 7,02	III 78,—	— 2,13 2,39	— — —	— — —	— — —	— — —	— — —
	V 522,83	28,75 41,82 47,05	IV 279,33	13,14 19,12 21,51	10,99 15,98 17,98	8,89 12,94 14,55	6,87 9,99 11,24	1,65 7,14 8,03	— 4,49 5,05
	VI 553,66	30,45 44,29 49,82							
	Spalte 1	Spalte 2	Spalte 3	Spalte 4	Spalte 5	Spalte 6	Spalte 7	Spalte 8	Spalte 9

Personalwirtschaft, arbeits-, sozial- und tarifrechtliche Vorschriften

Teil 4 — Beitragsbemessungsgrenzen

Monika Gabriele F. möchte wissen, was unter der „Beitragsbemessungsgrenze" in der Sozialversicherung zu verstehen ist. Welche der folgenden Antworten ist die richtige?

Antworten

1. Wer mit seinem Bruttogehalt über dieser Grenze liegt, ist nicht mehr versicherungspflichtig.
2. Wer mit seinem Bruttogehalt über dieser Grenze liegt, verliert den Anspruch auf den Arbeitgeberanteil zur Sozialversicherung.
3. Wer diese Grenze überschreitet, muss keine Beiträge mehr zur Sozialversicherung leisten.
4. Sie ist der Maximal-Betrag, von dem der Beitrag zur Sozialversicherung maximal berechnet wird, auch wenn der Arbeitnehmer mit seinem Einkommen über dieser Grenze liegt.
5. Sie legt fest, wie hoch die Beitragssätze in der Sozialversicherung maximal sein dürfen.

Teil 5 — Werbungskosten/Sonderausgaben

Welche **2** der unten stehenden 6 Beträge kann Monika Gabriele F. bei ihrer Einkommensteuererklärung als Sonderausgaben geltend machen?

Beträge

1. Ausgaben für Fachliteratur für einen Kurs zur beruflichen Weiterbildung im ausgeübten Beruf
2. Spende an das Rote Kreuz
3. gezahlte Kirchensteuer
4. Pauschale für Entfernungskilometer zwischen Wohnung und Arbeitsstelle
5. Ausgaben für Berufsbekleidung (sofern vom Arbeitgeber nicht erstattet)
6. Pauschale für Kosten der Kontoführung (Gehaltskonto)

Personalwirtschaft, arbeits-, sozial- und tarifrechtliche Vorschriften

Arbeitnehmeranteil zur Sozialversicherung 14.11

Herr Schmidt, leitender Angestellter in der SPEDAIX GmbH, erhält ein monatliches Bruttogehalt von 3.960,00 Euro (beitragspflichtiges Entgelt). Der monatliche Arbeitnehmeranteil zur Kranken- und Pflegeversicherung beträgt bei Herrn Schmidt 326,16 Euro.

In der Renten- und Arbeitslosenversicherung gelten folgende Sätze (Stand 06/2010):

Art der Versicherung	Von Arbeitgeber und Arbeitnehmer je zur Hälfte zu tragen
Rentenversicherung	19,9 %
Arbeitslosenversicherung	2,8 %
Die Beitragsbemessungsgrenze in der Renten- und Arbeitslosenversicherung beträgt in den alten Bundesländern 5.500,00 Euro/Monat.	

Wie hoch ist die Summe der Sozialversicherungsbeiträge, die Herrn Schmidt bei seiner monatlichen Gehaltsabrechnung in Abzug zu bringen ist?

Sicherheit und Gesundheitsschutz bei der Arbeit

15.01 Arbeitsschutz- und Unfallverhütungsvorschriften

Welche der folgenden Vorschriften zählt nicht zu den Arbeitsschutz- und Unfallverhütungsvorschriften?

Vorschriften

1. Mutterschutzgesetz
2. Jugendarbeitsschutzgesetz
3. Arbeitsstättenverordnung
4. Straßenverkehrsordnung
5. Arbeitssicherheitsgesetz

15.02 Arbeitsschutzgesetz

Ein neu gegründetes Unternehmen der Dienstleistungsbranche will seine Computerarbeitsplätze nach EG-Normen ausrichten.

Welches Gesetz bzw. welche Verordnung bietet dafür die Grundlage?

Gesetze und Verordnungen

1. Arbeitsstoffverordnung
2. Bildschirmarbeitsverordnung
3. Arbeitsschutzgesetz
4. Maschinenschutzgesetz
5. Beschäftigtenschutzgesetz

Sicherheit und Gesundheitsschutz bei der Arbeit

Sicherheit am Arbeitsplatz 15.03

Schutz der Umwelt und Sicherheit am Arbeitsplatz sind wesentliche Voraussetzungen für nachhaltig produzierende Betriebe. Bestimmte Sicherheitszeichen (in Form von Piktogrammen) helfen im praktischen Umgang mit entsprechenden Gefahren.

Beispiele für Sicherheitszeichen:

Abbildung 1:

Abbildung 2:

Abbildung 3:

Abbildung 4:

Abbildung 5:

Fortsetzung auf der nächsten Seite

Sicherheit und Gesundheitsschutz bei der Arbeit

15.03 Sicherheit am Arbeitsplatz

Fortsetzung

a) Welche Reihenfolge der vorstehend abgebildeten Sicherheitszeichen trifft zu?

Reihenfolge der Zeichen

1. Gebotszeichen/Brandschutzzeichen/Rettungszeichen/Warnzeichen/Verbotszeichen
2. Warnzeichen/Gebotszeichen/Verbotszeichen/Rettungszeichen/Brandschutzzeichen
3. Warnzeichen/Rettungszeichen/Verbotszeichen/Brandschutzzeichen/Gebotszeichen
4. Warnzeichen/Gebotszeichen/Verbotszeichen/Brandschutzzeichen/Rettungszeichen
5. Gebotszeichen/Rettungszeichen/Verbotszeichen/Brandschutzzeichen/Warnzeichen

b) Im Folgenden werden die Bedeutungen der vorstehend abgebildeten Sicherheitszeichen umschrieben. Ordnen Sie die Kennziffern der Umschreibungen den Abbildungen zu. Übertragen Sie anschließend Ihre senkrecht angeordneten Lösungsziffern in dieser Reihenfolge von links nach rechts in den Lösungsbogen!

Umschreibungen

1. Erste Hilfe
2. Für Flurförderzeuge verboten
3. Brandmelder (manuell)
4. Atemschutz benutzen
5. Warnung vor Flurförderzeugen

Abbildungen

ba) Abbildung 1:

bb) Abbildung 2:

bc) Abbildung 3:

bd) Abbildung 4:

be) Abbildung 5:

Sicherheit und Gesundheitsschutz bei der Arbeit

Arbeitszeit nach dem Jugendarbeitsschutzgesetz 15.04

Fiona Liebig, 17 Jahre alt, befindet sich seit kurzem in der Ausbildung zur Fachkraft für Lagerlogistik bei der LOGSPEDIA GmbH. Wegen unaufschiebbarer Arbeiten in der Kommissionierzone ist Fiona am Montag bis 20:00 Uhr im Lager ihres Ausbildungsbetriebs beschäftigt.

Ab welcher Uhrzeit darf Fiona am Dienstagmorgen frühestens beschäftigt werden?

Uhrzeit

1. 06:30 Uhr
2. 07:00 Uhr
3. 07:30 Uhr
4. 08:00 Uhr
5. 08:30 Uhr

Unfallverhütungsvorschriften 15.05

In der SPEDAIX GmbH, Aachen, sind Sie für den Aushang von Arbeitsschutz- und Unfallverhütungsvorschriften zuständig. Beim Prüfen der Vorschriften entdecken Sie eine Formulierung, die einen gravierenden Fehler enthält.

Welche Vorschrift ist fehlerhaft?

1. Der Aufenthalt unter schwebenden Lasten ist unzulässig.
2. Bei längerer Abwesenheit des Fahrers ist es zweckmäßig, den Schlüssel des Gabelstaplers abzuziehen.
3. In den Lagerhallen gilt striktes Rauchverbot.
4. Der Aufenthalt unter der hochgestellten belasteten Gabel eines Gabelstaplers ist nur im ausgeschalteten Zustand gestattet.
5. Die Arbeitsschutz- und Unfallverhütungsvorschriften gelten für alle Mitarbeiter.

Umweltschutz

16.01 Maßnahmen zum Umweltschutz

Welche der folgenden Maßnahmen trägt zum Umweltschutz bei?

Maßnahmen

1. Ausgabe von kostenlosen Plastiktragetaschen an die Kunden eines Drogeriemarktes.
2. Ein Getränkehersteller lässt bestimmte Biersorten ausschließlich in Einwegflaschen abfüllen.
3. An der Käsetheke eines Kaufhauses wird statt Papier Klarsichtfolie zur Verpackung verwendet.
4. Die Kunden der Modeboutique Tom Sailor, Cellis & Partner werden auf Wunsch von einem Chauffeur mit Firmenwagen zum Shopping abgeholt.
5. Eine Möbelspedition verwendet bei Umzugstransporten gebrauchte Packmittel.

16.02 Duales System

Prüfen Sie folgende Aussagen zum „Dualen System".

Welche der Aussagen ist **nicht** richtig?

Aussagen

1. Das Duale System ist eine privatwirtschaftliche Initiative, die die Produktverantwortung im Bereich der Verkaufsverpackungen wahrnimmt.
2. Das Duale System bezeichnet die an den Lernorten „Betrieb" und „Schule" stattfindende Berufsausbildung.
3. Das Duale System steht für die Teilung der Beiträge zur Sozialversicherung zwischen Arbeitgeber (50 %) und Arbeitnehmer (50 %).
4. Die rechtliche Grundlage für das Duale System ist die Verpackungsverordnung, die am 12. Juni 1991 in Kraft trat.
5. Die Finanzierung des Dualen Systems erfolgt durch den Aufdruck eines Markenzeichens.

16.03 Ökonomische Einsparpotenziale

Welche **2** der folgenden 6 Beispiele wirken sich für den Betrieb langfristig kostensparend aus?

1. Verwendung von Energiesparlampen statt herkömmlicher Lampen
2. Motor im Stand laufen lassen, um das Fahrzeug aufzuwärmen
3. Durchführen von Sonderfahrten
4. Einsatz eines Tourenoptimierungsprogramms
5. Bau einer Waschstraße für LKW, die mit Frischwasser reinigt
6. Anschaffung von Fahrzeugen mit hoher KW-Leistung

Umweltschutz

Schadstoffklassen der Fahrzeuge (EURO-Norm) 16.04

Die Schadstoffklasse des LKW (sog. EURO-Norm) beeinflusst unterschiedliche Faktoren. Welcher der folgenden Faktoren wird **nicht** durch die Schadstoffklasse des LKW beeinflusst?

Beeinflussbare Faktoren

1. die Zuteilung von CEMT-Genehmigungen
2. die Höhe der Versicherungsprämie (§ 7 a GüKG)
3. die Höhe der Mautkosten
4. die Höhe der Kfz-Steuern
5. die Höhe der Immissionen/Emissionen

Umweltschutzinvestitionen 16.05

In der SPEDAIX GmbH wird über Maßnahmen für und Investitionen in den Umweltschutz nachgedacht. Folgende Vorhaben sollen für den Fuhrpark, das Lager, die Werkstatt und die Verwaltung konkretisiert werden. Welche **2** davon wirken sich unmittelbar auf die Höhe der Verwaltungskosten aus?

Vorhaben, die umgesetzt werden sollen

1. Wiederverwendung von gebrauchten Packmitteln
2. Vorrichtung zum Abscheiden von Öl
3. Verwenden von Recycling-Papier
4. Verwenden von nachfüllbaren Tinten-Kartuschen
5. Verwertung von Regenwasser in der Autowaschstraße
6. Mülltrennung

Umweltschutz

16.06 ISO-Zertifizierung

Im Foyer der SPEDAIX GmbH befinden sich – für jeden Besucher der Spedition gut sichtbar – an der Wand Zertifikatsurkunden, die sich auf folgende Normen beziehen

| DIN EN ISO 14001: 2005 |
| DIN EN ISO 9001: 2008 |

Welche Aussage trifft auf diese Normen zu?

1. Die SPEDAIX GmbH wurde wegen der Gewinnsteigerungen in den Jahren 2005 und 2008 von einem Dachverband prämiert.
2. Die SPEDAIX GmbH weist darauf hin, dass mehrere Isotherm-Fahrzeuge zu ihrem Fuhrpark zählen.
3. Die SPEDAIX GmbH wurde von zwei Partnerspeditionen wegen vorbildlicher Kooperationsbereitschaft ausgezeichnet.
4. Die SPEDAIX GmbH erfüllt die Anforderungen an ein Umwelt- und Qualitätsmanagementsystem (QM-System).
5. Die SPEDAIX GmbH wurde von der deutschen Industrie wegen neuer Energiesparmaßnahmen zertifiziert.

16.07 Ziele des Umweltmanagements

Die SPEDAIX GmbH verfolgt seit längerem schon das Ziel, den NOx-Ausstoß durch gezielte Ersatzinvestitionen im Fuhrparksegment kontinuierlich zu verringern. Bei welcher der folgenden Angaben zur Unternehmensbeschreibung der SPEDAIX GmbH (vgl. dort) ist diesbezüglich ein Hinweis zu finden?

1. Steuernummer
2. Kommunikation
3. Geschäftsfelder
4. Equipment
5. Geschäftsbedingungen

Berufsbezogenes Rechnen

> **Hinweis**
> Die Ergebnisse bei folgenden Aufgaben sind – falls nichts anderes angegeben wurde – auf 2 Nachkommastellen kaufmännisch zu runden!

Schnittgewicht 17.01

Auszug aus dem TACT:

Munich, Germany	MUC	EUR
Hongkong, China	M	65.87
	N	10.62
	45	6.96
	100	3.88
	300	3.05

Ab welchem frachtpflichtigen Gewicht ist die Q 45-Rate günstiger als die N-Rate?

Abrechnung in Reeders Wahl 17.02

60 gleichgewichtige Kisten (je 180 cm x 90 cm x 120 cm) im Gesamtgewicht von 50 400 kg werden als Seefrachtsendung bei einer japanischen Reederei in Kobe zum Versand nach Vancouver (CAN) aufgeliefert. Die Frachtkosten bestimmen sich nach folgenden Informationen:

rate: JPY 12.640 m/w
1 CAD = 142 JPY   1 EUR = 1,88 CAD

Berechnen Sie die Frachtkosten in Euro für diese Sendung!

Berufsbezogenes Rechnen

17.03 Lademeter berechnen Lademeter berechnen

28 einmal stapelbare Industriepaletten (Maße je 1,20 m x 1,00 m) sollen auf einen Anhänger (7,30 m x 2,40 m Ladefläche) verladen werden.

Wie viel Lademeter beansprucht die Sendung?

17.04 Laderaum berechnen

Ein Spezialfahrzeug (JUMBO-Tieflader) verfügt über ein Zuladevolumen von 110 cbm und eine Nutzlast von 24 t.

Wie viele gleichgewichtige Packstücke (Maße je 60 cm x 60 cm x 40 cm, Gewicht je 40 kg) könnten mit dem JUMBO-Fahrzeug transportiert werden?

17.05 Messzahl

Bei der Berechnung von Luftfracht nach dem TACT (The Air Cargo Tariff) wird das Volumengewicht zugrunde gelegt, wenn das Gut mehr als 6 mal messend ist.

a) Ein Gut wiegt 25,6 kg und hat die Maße 40 cm x 40 cm x 80 cm. Wie viel mal messend ist dieses Gut?

b) Ein Gut ist 9-mal messend und wiegt 50 kg. Wie viel Volumen-Kilogramm (vol. kg) werden der Frachtberechnung nach TACT zugrunde gelegt?

17.06 Dreisatz

Der Bagger einer Kiesgrube kann 240 t in der Stunde verladen. Die Auftragsmenge einer Großbaustelle bewältigt das Ladegerät in 4 ¾ Stunden. Mit welchem Bruch kann ermittelt werden, in **welcher Zeit** dieselbe Menge umgeschlagen werden kann, wenn zusätzlich ein zweiter Bagger mit einer Ladekapazität von 140 t je Stunde eingesetzt wird?

Brüche

1. $\dfrac{285 \cdot 140}{380}$

2. $\dfrac{285 \cdot 240}{380}$

3. $\dfrac{285 \cdot 240}{140}$

4. $\dfrac{4{,}75 \cdot 380}{240}$

5. $\dfrac{4{,}45 \cdot 240}{380}$

Berufsbezogenes Rechnen

Beförderungskosten je 100 kg   17.07

Ein LKW mit einer Nutzlast von 25 t verursacht an 230 Einsatztagen jährlich Gesamtkosten in Höhe von 172.500,00 Euro.

a) Wie hoch sind die Kosten je 100 kg, wenn die Nutzlast des LKW durchschnittlich zu 80 % ausgenutzt und pro Einsatztag ein Transport durchgeführt wurde?

b) Ermitteln Sie mit Hilfe des unter a) berechneten 100 kg-Satzes für einen Transportauftrag von 19,6 t die Bruttofracht, wenn mit 9 % Gewinnaufschlag kalkuliert wird.

Berechnung der Mehrwertsteuer   17.08

Ein Spediteur begleicht eine Rechnung abzüglich 3 % Skonto und überweist an den Gläubiger 692,58 Euro.

Wie hoch ist die im Rechnungsbetrag enthaltene 19-prozentige Mehrwertsteuer?

Laufzeitberechnung bei variablem Zinssatz   17.09

Die SPEDAIX GmbH, Aachen, nahm Anfang letzten Jahres bei der Sparkasse Aachen ein Darlehen über 80.000,00 Euro zu einem variablen Zinssatz von 8,25 % auf. Nach 120 Tagen stieg der Zinssatz um 1 Prozentpunkt und blieb für die Restlaufzeit des Darlehens konstant.

Über welchen Zeitraum lief das Darlehen insgesamt, wenn am Ende der Laufzeit das Darlehen in einer Summe getilgt und samt Zinsen 84.420,00 Euro zurückgezahlt wurden?

Berufsbezogenes Rechnen

17.10 Berechnung des Finanzierungserfolgs bei Skontoabzug

Auszug aus einer Eingangsrechnung:

Rechnung Nr. 1708/007	
Listenpreis	45.000,00 Euro
Sofortrabatt 10 %	4.500,00 Euro
Nettobetrag	40.500,00 Euro
Mehrwertsteuer 19 %	7.695,00 Euro
Rechnungsbetrag	**48.195,00 Euro**

*Die Rechnung ist zahlbar binnen **10 Tagen** unter Abzug von **3 % Skonto** oder nach **30 Tagen** ohne Abzug.*

Die Rechnung soll am Ende der Skontofrist gezahlt werden.

Der Zahlungspflichtige überlegt, ob es sich lohnt, für die Begleichung der Rechnung einen Kredit in Anspruch zu nehmen, für den die Bank 8,5 % Zinsen berechnet.

a) Wie hoch wäre der Finanzierungserfolg bei Kreditfinanzierung der skontierten Rechnung?

b) Welchem effektiven Jahreszinssatz entspräche der erwirtschaftete Finanzierungserfolg?

c) Welchem effektiven Jahreszinssatz entspricht der Skontoabzug?

Anhang

Abkürzungen 18.01

Die SÜDTRANS GmbH & Co. KG arbeitet nach HGB und ADSp ggf. auch CMR und ADR/GGVSE und als IATA-Agent nach MÜ und rechnet ab nach TACT ...

Alles klar?

Kennen Sie diese Abkürzungen und ihre Bedeutung im Einzelnen?

Im Speditions- und Logistikgewerbe existieren zahlreiche geläufige, aber auch weniger geläufige Abkürzungen.

Versuchen Sie sich an folgenden Beispielen:
- ADR
- BAG
- CEMT
- DSLV
- EEV
- FCR
- GüKG
- HP
- IRU
- KEP
- M/H
- NVE
- RFID
- SZR
- VBGL
- WAK n. F.

Na, alles gewusst?

RESPEKT !!!

Falls nicht, nicht verzweifeln! Schauen Sie ins Abkürzungsverzeichnis des Lösungsteils.

Bildnachweis

Fotos | **Seite**

© bilderbox – fotolia.com	30
© hans12 – Fotolia.com	119
www.aufschalke2006.de	59
BT (Switzerland) AG	28
Hellmann Worldwide Logistics	66
MODULAR Hallensysteme GmbH	47
Schenker AG	37
Zurich Gruppe	74

Titelbild
stock.xchng